AF452441

THÉATRE GAILLARD.

TOME SECOND.

GLASCOW.

1776.

AVIS DE L'ÉDITEUR.

C'EST en vain qu'à Cythere un imprudent fouteur
Pense d'un jeune con sonder la profondeur,
S'il n'a reçu du ciel une nerveuse andouille,
S'il ne sent bouillonner le foutre dans sa couille:
Dans ses desirs charnels il est toujours captif,
Pour lui Vénus est sourde & Priape rétif.
O vous donc qui brûlans d'une ardeur périlleuse
Courez du bon fouteur la carriere épineuse,
N'allez pas sur un con sans fruit vous consumer,
Ni prendre pour amour un desir d'enconner ;
Craignez d'un vain plaisir les trompeuses amorces.
Et consultez long-temps votre engin & vos forces.

LA COMTESSE
D'OLONNE,
COMÉDIE.

PAR BUSSY-RABUTIN.

ACTEURS ET ACTRICES.

ARGENIE, *la Comtesse d'Olonne.*
BIGDORE, *le Comte de Guiche.*
GELONIDE, *la Comtesse de Fiesque.*
L'ABBÉ, *l'Abbé de Roye.*
MARCELIN, *Marsillac.*
LISE, *Femme-de-chambre de la C. d'Olonne.*
CASTELLOR, *le Duc de Castres.*
MANICAMP, *Giton du Comte de Guiche.*
GANDALIN, *le Duc de Candale.*

Le Théatre représente, à l'ouverture de la Piece, la Comtesse d'Olonne couchée sur un lit de repos, sa Femme-de-chambre assise dans un fauteuil à côté de son oreiller. La Comtesse s'éveille en sursaut épouvantée du rêve qu'elle vient de faire.

Madame, pardonnez à ce triste accident.

LA COMTESSE
D'OLONNE,
COMÉDIE.

SCÉNE PREMIERE.

ARGENIE, LISE.

Argénie *croyant voir l'ombre du Duc de Candale son premier amant.*

Fantôme impérieux, qui viens mal-à-propos
Condamner mes plaisirs , & troubler mon repos ,
Va·porter aux enfers ta noire jalousie ,
Et ne te mêle plus de censurer ma vie.
Chargé de tant d'horreurs de quoi t'avises-tu
De revenir ici me prôner la vertu?
Ne te souvient-il plus que je suis une femme ,
De qui le con brûlant sent la plus vive flamme ,
Et que de ton vivant , loin de me soulager ,
Cruel , tu débandois à me faire enrager ?
Non, je ne te crains plus , tes menaces sont vaines

Par ton heureux trépas la mort brisa mes chaînes;
Depuis ce doux moment prodiguant mes faveurs,
J'ai dans mes intérêts réuni tous les cœurs;
Il faut foutre ou mourir.

LISE.

Il faut mourir ou foutre!
Est-ce donc la colere ou l'amour qui vous outre?
Madame, qu'avez-vous ?

ARGÉNIE.

Ah ! Lise, quel réveil!
Et que n'ai-je point vu dans mon triste sommeil?
Au sortir du repas me trouvant assoupie,
Sur ce lit de repos je me suis endormie;
Lorsque me remplissant & d'horreur & d'effroi,
Le jaloux Gandalin a paru devant moi.
Infame, m'a-t-il dit d'une voix effroyable,
Je viens te reprocher ta vie abominable;
Ingrate, as-tu sitôt perdu le souvenir
De l'estime où mon feu pouvoit te maintenir.
Dans le nombre des morts je n'étois pas encore,
Quand tu m'associas Marcelin & Bigdore,
Chrisante, Castellor, l'Aventurier, l'Abbé;
Le reste ne vaut pas l'honneur d'être nommé.
Que tu m'as fait souffrir! mais mon plus grand suplice
Fut de voir quels amants étoient à ton service;
Que sans discrétion & sans cacher ton feu,
Tu fis de plus en plus à tout venant beau jeu.
Va, ton abaissement fait honte à ma mémoire;
Ma passion à part il y va de ma gloire.
Les Dieux, pour t'accabler de malheurs infinis,
Vont t'élargir le con & raccourcir les vits;

(9)

Les plus jeunes fouteurs auront mille foiblesses ;
Toujours à contretems tu leveras les fesses ;
Et tes amans , contraints par une dure loi ,
Au milieu du coït s'endormiront sur toi.
Pour un gueux impuissant l'amour te rendra folle ,
Tes moindres maux seront chaude-pisse ou vérole ;
Enfin , Bougresse, enfin , pour avoir trop foutu,
Un chancre confondra ton con avec ton cu.
A peine eut-il fini ces mots épouvantables ,
Qu'il disparut.

LISE.

O Ciel ! quels malheurs effroyables
Menacent vos beaux jours! & quel affreux tableau
N'appréhendez-vous pas de tomber en lambeau ?

ARGÉNIE.

On ne peut de frayeur être plus agitée.

LISE.

Vous êtes dans l'amour aussi trop emportée :
Madame, Gandalin peut bien vous gourmander;
Pour vous foutre il ne faut que vous le demander.

ARGÉNIE.

Que veux-tu , ma Lison , je n'ai que cette envie ,
Et c'est le plus grand bien qu'on goûte dans la vie.

LISE.

Je lis dans votre cœur, je connois votre goût ,
Il n'est aucun plaisir pour vous , si l'on ne fout.
Abandonnez-vous donc à votre humeur lubrique ,
Et mêlant l'Étranger avec le Domestique ,
Le Prince, le Bourgeois, & les premiers venus,
Foutez, foutez, Madame, à couillons rabattus.

SCENE II.

ARGÉNIE, GÉLONIDE.

La Comtesse d'Olonne devient ~ noureuse du Comte de Guiche, & consulte la Comtesse de Fiesque.

ARGÉNIE.

Vous ne croiriez jamais, aimable Gélonide,
Que pour prendre un amant je fusse encor timide.
Cependant je balance à recevoir le cœur
D'un garçon de vingt ans, d'un aimable vainqueur,
Qui me dit chaque jour qu'il m'aime, qu'il m'adore;
Vous le connoissez bien, c'est le charmant Bigdore,
Qui véritablement en ressentant vos coups
N'a pas eu de sujet de se plaindre de vous.
Le croyez-vous mon fait? Est-il homme solide?
Vous m'entendez fort bien, ma chere Gélonide.

GÉLONIDE.

Madame, à tout ceci d'honneur je n'entends rien.

ARGÉNIE.

Je parlerai plus clair : ce garçon fout-il bien?

GÉLONIDE.

Que dites-vous, Madame? ah l'horrible langage!

ARGÉNIE.

Ne le parlez-vous plus depuis votre veuvage?

GÉLONIDE.

Moi! je dis tout au plus des mots à double sens,

ARGÉNIE.

Coment nomez-vous donc un Vit en mots décens?

GÉLONIDE.

Si je nommois cela , je dirois une pine.

ARGÉNIE.

Ayant le vit au con vous m'avez bien la mine
De l'y laisser plutôt jusques au lendemain ,
Que d'oser , pour l'ôter , y toucher de la main.
Mais quittons ce propos , chacun fout à sa guise.
Bannissons les façons , parlons avec franchise :
Que me conseillez-vous sur ce nouveau fouteur ?

GÉLONIDE.

On ne prend là-dessus avis que de son cœur :
Pour moi j'ai cru le mien ; croyez-en donc le vôtre,
Il vous conseillera beaucoup mieux que tout autre.

ARGÉNIE.

Le mien sur ce fouteur ne pense rien de bon ,
Et mille gens m'ont dit qu'il n'aimoit pas le con :
Au contraire on m'a dit qu'il est de la manchette ;
Et que faisant semblant de le mettre en levrette ,
Le drôle en vous parlant toujours de grand chemin,
Comme s'il se trompoit, enfiloit le voisin ;
Par inclination c'est un branleur de pique ,

GÉLONIDE.

Et qui cherche le con par pure politique.

ARGÉNIE.

Que dites-vous, Madame? & comment parlez-vous?

GÉLONIDE.

On apprend à hurler aux bois avec les loups.

ARGÉNIE.

Je suis de votre avis , Madame , je l'approuve.
Mais je suis la brebis pour foutre , & vous la louve.

SCENE III.

Parodie du Cid.

ARGÉNIE, BIGDORE.

*La Comtesse d'Olonne, amoureuse du Cte
de Guiche, l'appelle.*

ARGÉNIE.

A moi, Comte : deux mots.

BIGDORE.
Parle.

ARGÉNIE.
Ote-moi d'un doute,
Connois-tu bien le con ?

BIGDORE.
Oui.

ARGÉNIE.
Parlons bas, écoute :
Sais-tu bien qu'il vaut mieux mille fois que le cu,
Qu'en tous lieux on t appelle un Bougre, le sais-tu?

BIGDORE.
Tels discours sont tenus par Dames méprisées.

ARGÉNIE.
Non, non, nous savon bien tes histoires passées.

BIGDORE.
A quatre pas d'ici je t'en éclaircirai.

ARGÉNIE.
Jeune présomptueux!

BIGDORE.

(13)

BIGDORE.

Je suis jeune, il est vrai,
A peine ai-je vingt ans ; mais aux couilles bien nées
La valeur n'attend pas le nombre des années.

ARGÉNIE.

De t'attaquer à moi qui t'a rendu si vain,
Toi qu'on ne vit jamais le vit roide à la main ?

BIGDORE.

Je n'ai jusqu'à présent jamais trompé de belles,
Et ton con, si tu veux, en saura des nouvelles.

ARGÉNIE.

Sais-tu bien qui je suis !

BIGDORE.

Oui : tout autre que moi
Au seul bruit de ton nom pourroit trembler d'effroi.
Mille & mille fouteurs, crevés à ton service,
Semblent me présager un semblable supplice.
J'attaque en téméraire un con toujours vainqueur ;
Mais j'aurai trop de force ayant assez de cœur :
A qui fout Argénie il n'est rien d'impossible,
Ton con est invaincu, mais non pas invincible.

ARGÉNIE.

La grandeur qui paroît aux discours que tu tiens,
Par tes yeux chaque jour se découvroit aux miens ;
Et croyant voir en toi l'honneur de la jeunesse,
Mon cœur te destinoit en secret sa tendresse.
Il est vrai que le bruit de ton peu de vigueur
Avoit non sans raison ralenti mon ardeur ;
Mais puisqu'il est certain, & qu'enfin tu m'assures
Que tout ce qu'on a dit est autant d'impostures,

B

(14)

Je viens t'offrir mon con , m'abandonner à toi,
Et me faire un plaisir de recevoir ta foi.

Le Comte de Guiche en veut jouir, il se
trouve impuissant , & veut s'excuser,
en disant :

BIGDORE.

Madame , pardonnez à ce triste accident ,
Il vient de trop d'amour.

ARGÉNIE.

                    Ah ! ne m'aimez pas tant,
Si votre trop d'amour cause votre impuissance ,
Honorez-moi , Seigneur , de votre indifférence;
Mais puisque le destin vous a fait pour les culs ,
Pourquoi diable songer à faire des cocus,
Apprenez , apprenez enfin à vous connoître;
Sortez , ou je vous fais jetter par la fenêtre.

SCENE IV.

Le Comte de Guiche , après avoir raconté
son aventure à Manicamp son Giton,
lui dit :

BIGDORE.

SAISI du plus juste dépit ,
Je voulois me couper le vit;
Ma résolution fut vaine :
Le cruel auteur de ma peine,
Que la peur avoit tout glacé,

(15)

Tout malotru , tout replissé ,
    Etoit allé chercher son centre ,
    Et s'étoit sauvé dan mon ventre.
Ne pouvant donc rien faire à ce bougre de vit ,
Voilà ce qu'à peu près ma colere lui dit :
Toi , qui fais le vaillant quand tu ne vois personne ,
Et sur la foi duquel est fou qui s'abandonne ,
Infame traître , à qui je peux donner le nom
D'une partie honteuse avec juste raison ;
Toi , qui ne pris jamais les gens que par derriere ,
Et par qui je ressemble au maréchal mon pere ,
Dis-moi pourquoi la peur t'a si fort raccourci ;
Que t'ai-je fait , ingrat , pour me traiter ainsi ?
Mais le lâche , l'œil morne & la tête baissée ,
Sembloit se conformer à ma triste pensée :
C'étoit du tems perdu que lui rien reprocher ,
Il étoit à ma voix aussi sourd qu'un rocher.

SCENE DERNIERE.

ARGÉNIE , BIGDORE.

*Le Comte de Guiche retourne à la Comtesse
d'Olonne , & s'en acquitte à son honneur;
elle lui dit :*

ARGÉNIE.

Je reconnois , Seigneur , que j'étois dans l'abus :
Or qu'aimez-vous le mieux ou des cons ou des culs?
A présent vous avez de tous deux connoissance.

BIGDORE.

Je fais des cons aux culs beaucoup de différence,
Et si jusqu'à présent j'ai mieux aimé les culs,
Reine, c'est que les cons ne m'étoient pas connus.
Si faut-il convenir qu'on n'en peut voir un autre,
Plus haut, ni plus brûlant, plus charmant que le
N'est-il pas vrai, mon cœur ?   [votre ;

ARGÉNIE.

                    Je crois, sans vanité,
Qu'il n'en est pas beaucoup de cette qualité ;
Les enfans n'y ont pas fort ouvert le passage,
Et tout le monde y trouve un air de pucelage.

F I N.

VASTA,
REINE
DE BORDÉLIE:
TRAGÉDIE
EN TROIS ACTES
ET EN VERS.

ACTEURS.

VASTA, *Reine de Bordélie.*

CONILLE, *Fille de Vasta.*

VIT-MOLLET, *Prince de la Cour.*

FOUT-SIX-COUPS, *Prince étranger.*

COUILLE-AU-CUL, *Confident de Vit-mollet.*

VIT-EN-L'AIR, *Confident de Fout-six-coups.*

FRAPPART, *Capitaine des Gardes.*

TETASSE, *Confidente de Vasta.*

UN SOLDAT.

LE GRAND-PRETRE.

FOULE DE PEUPLE.

La Scene est à Bordélie.

VASTA,
TRAGÉDIE.

ACTE PREMIER.

SCENE PREMIERE.

VASTA, VIT-MOLLET,
FRAPPART, COUILLE-AU-CUL, GARDES.

VASTA.

OUI, vous avez foutu : votre mine effrontée
Avoit pour un moment occupé ma pensée ;
Je croyois qu'à votre âge on étoit vigoureux,
Et que sans déconner on alloit jusqu'à deux ;
Mais puisqu'au premier coup, votre pine molasse
Malgré mes coups de cul abandonne la place,
C'en est fait, désormais vous ne me foutrez plus ;
Frappart réparera tant de momens perdus.

VIT-MOLLET.

De ce propos mon ame est offensée,
Car si par un hasard vous vous vîtes ratée,
Prenez-vous-en aux Dieux qui vous firent un con
Plus d'une fois trop large & deux fois trop profond :
Le vent qui s'engouffroit dans ce vaste édifice
Me faisoit débander au bord de la matrice ;
Je me crus englouti ; mon esprit s'égara :
La peur saisit mes sens, & mon vit se glaça.

VASTA.

Vous foutez-vous de moi ! quelle mauvaise excuse
Osez-vous me donner ! Est-ce ainsi qu'on m'abuse ?
Lorsque l'on bande bien rien ne doit arrêter ;
Mais sur un bande-à-l'aise on ne peut pas compter :
D'ailleurs vous êtes bougre, & si j'en crois ma
haine,
A foutre un con, Seigneur, vous avez de la peine ·
Choisissez à l'instant soit du cul ou du con,
Réparez votre honte, & vengez mon affront :
Conille est à ce prix.

SCENE II.

**CONILLE , TETASSE , VIT - MOLLET ,
COUILLE - AU - CUL , GARDES.**

VIT-MOLLET.

AH ! sacredieu, Princesse,
Vous osez à ses yeux me taxer de mollesse ;
Tu l'entends, Couille-au-cul, c'est assez m'insulter,

Puniffons la perfide , & courons nous venger.
CONILLE.

Arrêtez , Vit-mollet , quelle injufte colere !
Quoi ! Ce n'eft pas affez d'avoir raté ma mere :
Déployant à fes yeux votre indigne fureur ,
Sans refpect pour ce lieu , pour moi , pour ma
    pudeur ,
Vous voulez nous quitter. Ah ! ne paffez pas outre.
Eh cruel ! arrêtez.
  VIT-MOLLET *s'en allant.*
   Allez vous faire foutre.

SCENE III.

CONILLE , VASTA , TETASSE , FRAPPART

CONILLE.

L'AVEZ-VOUS entendu. Ni mes cris , ni mes
  pleurs
Ne peuvent l'attendrir. O comble de malheurs!
Il eft perdu pour moi :
   VASTA.
    Foutez-vous-en , ma fille ,
Affez d'autres Héros prétendent à Conille.
Le Prince Fout-fix-coups doit paroître en ces lieux.
Rentrez dans le Palais, (*à Tetaffe*) vous, fuivez
  la Princeffe,
Et toi, mon cher Frappart , viens foutre ta maîtreffe,
Paffons dans mon boudoir.

SCENE IV.

VASTA, FRAPPART, UN SOLDAT.

UN SOLDAT,
se jettant au devant de la Reine.

AH ! Madame, arrêtés ;
De fouteurs, de foutus, ces murs sont entourés ;
L'air retentit des cris de toutes leurs cohortes,
Le Prince Fout – six – coups campé devant nos
       portes,
Pour paroître en ces lieux avec un digne éclat,
A tous les cons, Madame, a livré le combat.
Les Carmes, les Ribauds qui forment son armée,
Ont tous le vit bandant & la cotte troussée ;
Ils ont foutu la garde, & ces audacieux
Disent qu'ils veulent foutre & la terre & les cieux.

VASTA.
J'en accepte l'augure, & je vole à leur tête ;
J'affronterai moi seule une telle tempête :
Et si je tombe, ami, sous de pareils guerriers,
A leur gloire je compte égaler mes lauriers.

SCENE V.

VASTA, FOUT-SIX-COUPS.

VASTA.

APPROCHEZ, Fout-six-coups ; votre rare
    courage
Mérite qu'on lui rende un éclatant hommage
Cet air audacieux, cette noble vigueur,
Tout fait paroître en vous un excellent fouteur ;
J'espere l'éprouver & vous donner Conille :
Vit-mollet dès ce jour doit oublier ma fille ;
Votre seul nom, Seigneur, doit le faire trembler:
Un bougre tel que lui peut-il vous résister ?

FOUT-SIX-COUPS.

Vasta, daignez m'entendre, avant que l'hyménée
A votre fille ici joigne ma destinée :
J'ai cru sur tous les cons, sur vous, sur mon amour,
Devoir, en vrai fouteur, m'expliquer sans détour.
Le con n'a plus d'appas après le mariage,
Et de changer souvent devroit être l'usage ;
Ne parlons que de foutre, & que dans ce Palais
L'on célebre du con la gloire & les attraits ;
Que le foutre à bouillons ruisselle dans les rues,
Er que le foutre en l'air s'éleve jusqu'aux nues.

VASTA.

Oui, Priape lui-même a parlé par ta voix :
Par-tout où tu parois tu dois dicter des loix;

J'en veux donner l'exemple au reste de la terre,
En courant à tes coups me livrer la premiere :
Allez, Tetasse, allez annoncer mes desirs,
Et courons sur mon lit nous livrer aux plaisirs.

SCENE VI.

VIT - EN - L'AIR , TETASSE.

VIT-EN-L'AIR saisit Tetasse par le bras.

NE crois pas m'échapper, quoique vieille bougresse,
Je te fous à l'instant soit en cou ou en fesse :
Vit-en-l'air n'est pas fait pour garder le manteau;
Un tel rôle n'est bon que pour un maquereau.

TETASSE.

Quoi! malgré ma vieillesse, & ma large conasse,
Vous oseriez, Seigneur, me foutre sur la place!
Que le ciel vous le rende & comble vos souhaits;
Je ne m'attendois pas à de pareils bienfaits.

SCENE VII.

VIT - MOLLET, COUILLE - AU - CUL,

VIT-EN-L'AIR qui veut jetter Tetasse sur un banc est arrêté par Couille-au-cul, TETASSE.

VIT-MOLLET.

ARRÊTEZ, insolent,
TETASSE se releve & s'en va disant :
            Que le diable t'emporte.
                            SCENE

SCENE VIII.

VIT-EN-L'AIR, VIT-MOLLET.

VIT-EN-L'AIR.

EH! de quel droit, Seigneur, nous troubler
    de la forte :
Pourquoi nous interrompre en des momens fi
    doux,
Et pourquoi de fes bras m'arracher ?

VIT-MOLLET.

                  Taifez-vous.
D'un rival odieux je vous crois le complice ;
Foutez le camp tous deux, ou craignez ma juf-
    tice ;
Que demain le foleil éclairant ces climats,
Aux murs de Bordélie ne te retrouve pas.

VIT-EN-L'AIR.

Je ne crains point, Seigneur, cet ordre téméraire :
Du Prince Fout-fix-coups confident ordinaire,
Nul danger ne m'étonne, & je brave vos coups.

VIT-MOLLET.

Songez à m'obéir, je le veux.

VIT-EN-L'AIR *s'en allant.*

                  Je m'en fous,

C

ACTE II.

SCENE PREMIERE.

CONILLE *seule.*

QUOI ! je me vois réduite à pleurer mon amant;
Vit-Mollet va périr, & ce fatal instant
De Fout-six-coups, peut-être, annonce la victoire;
Pourrai-je, Vit Mollet, survivre à ta mémoire:
Conille pourra-t-elle oublier des plaisirs
Que toi seul faisoit naître en comblant mes desirs:
Que de fois je t'ai vu, prévenant ma tendresse,
Me plonger tout-à-coup dans la plus douce ivresse!
Ton doigt vif & léger, excitant mon bonheur,
Remplaçoit bien souvent ton manque de vigueur:
A mon illusion je succombois sans peine ;
Non, rien ne pourra rompre une si douce chaine:
Du cœur qui te chérit rien ne peut t'arracher;
Si tu ne sais pas foutre, au moins tu sais branler.
On vient : de mes transports cachons la violence.

SCENE II.

CONILLE, VASTA.

VASTA *sortant de son boudoir en désordre.*

AH ! je décharge encore, & mon impatience
A peine à se calmer dans des momens si doux.

Que l'on t'a bien nommé ! viens, mon cher Fout-
    six-coups ;
Viens appaiser mes sens, satisfais ma tendresse ;
Je tombe dans tes bras. Que vois-je ? la Princesse :
    (à Conille.)
Que cherchez-vous, ma fille, & pourquoi vous
    troubler?
Que m'annoncent ces pleurs,& qui peut les causer?
    CONILLE *tremblante.*
Ah ! maman, savez-vous..., non, je n'ose le dire,
Fout-six-coups...Vit-mollet..Quel aveugle délire?
Tous deux en ce moment... un récit aussi long
Retarde le secours ; ...

    VASTA.

      Et foutre, parlez donc.
    CONILLE.
Maman, ils sont aux mains,n'en ayons aucun doute
Vit-mollet va périr.

    VASTA.

      Et que l'ase le foute.
Dieu garde Fout-six-coups,tout le reste n'est rien.
Périsse ton fouteur si l'on sauve le mien ;
Et vous, Frappart, volez, conservez ce que j'aime;
Songez que s'il périt, je m'en prends à vous-même;
S'il faut que Fout-six-coups soit jamais abattu,
Les couilles je vous coupe au rasibus du cul.
Et toi, qui pour un lâche as montré de la crainte,
Calme ces vains transports, & cesse toute plainte:
Pourrois-tu regretter un foutu Vit-mollet,
Sans force, sans vigueur, & bandant sans effet ?
De ses flasques couillons que pourrois-tu prétendre?
    C 2

S'il se lasse à bander, tu te lasses d'attendre.
Le grand Prêtre paroit, il faut le consulter ;
Puisse la voix du ciel à mes vœux s'accorder.

SCENE III.

VASTA, CONILLE, LE GRAND-PRÈTRE.

VASTA

MINISTRE des autels élevés à Priape,
O toi que je révere, & dont l'aspect me flatte,
Vois la fille & la mere, embrassant tes genoux ;
T'implore pour les jours de mon cher Fout-six-
     coups ;
Rends-moi mon Prince, hélas !

LE GRAND PRÈTRE.

     Ne troublez point vos ames,
Foutez, & taisez-vous, c'est le devoir des femmes :
Je jure par les cons de l'univers entier,
Par Priape sous qui tout doit céder, plier,
Qu'aujourd'hui Fout-six-coups élevé sur le trône
Recevra de vos mains le sceptre & la couronne.
Dussé-je être châtré, j'en ai fait le serment,
J'en atteste le ciel, mont vit en est garant,
Priape néanmoins demande un sacrifice ;
Implorons de ce Dieu la suprême justice,
Et que sur ses autels cent Bardaches tous nuds,
Par cent bougres choisis à l'instant soient foutus :
Voilà ce qu'il exige, obéissez Princesse,

Mottes, Cons, Cu…, Tettons, apprêtez vo…
pour lui

Venez, que votre main leur découvrant la fesse
Aide dans ce moment le Ministre des Dieux ;
Pour vous y préparer, branlez-vous toutes deux.

SCENE IV.

CONILLE *seule, au désespoir.*

QUI, moi ! pour Fout-six-coups que mon ame
      déteste ,
J'implorerois un dieu dont le pouvoir funeste
Peut accabler l'amant que mon cœur a choisi !
Ah ! périsse plutôt ce barbare ennemi ,
Qu'il soit à mes regards écrasé par la foudre ;
Puissé-je voir son vit & ses couillons en poudre,
Voir ce lâche fouteur , à son dernier soupir
Me foutre pour sa peine , & mourir de plaisir.

SCENE V.

CONILLE , COUILLE - AU - CUL.

CONILLE.

QUE vois-je, Couille-au-cul ! ah ! raffurez
    mon ame,
Qu'est devenu le Prince ?
COUILLE-AU-CUL.
          Il est foutu, Madame.
Cet amant malheureux en quittant ce sejour,

Maudiſſoit triſtement le pouvoir de l'amour;
Etendu ſur ſon lit, trois garces affligées
Le branloit lentement autour de lui rangées;
Et ce ſuperbe vit qu'on voyoit autrefois
Plein d'une ardeur ſi noble obéir à ſa voix,
Mol, flaſque maintenant, & la tête baiſſee
Sembloit ſe conformer à ſa trſte penſée :
Un effroyable bruit, & des cris pleins d'horreur
Portent dans tous les ſens le trouble & la terreur;
La porte qu'à la garde on avoit confiée,
Par mille coups de cul dans l'inſtant enfoncée
S'ébranle avec fracas, & vomit à nos yeux,
Parmi des flots de peuple un bougre furieux;
Son vit large & carré, dont l'audace eſt extrême,
Veut foutre l'univers & Priape lui-même;
Rien ne peut retenir ce fouteur indompté;
Le cul qui l'apperçoit recule épouvanté.
Vit-mollet qui le voit fait trois pas en arriere;
C'eſt Fout-ſix-coups, dit il, en tournant le derriere;
Fuyons de mon rival la barbare fureur;
Abandonnons ce lieu à cet uſurpateur.
A peine a-t-il parlé que Fout-ſix-coups l'arrête;
Lâche, c'eſt vainement retarder ma conquête,
Dit-il, & d'une main que Priape conduit,
I l'abat à ſes pieds, & de deux coups de vit,
Sans écouter ſes cris, ni ſon triſte murmure,
Il lui faịt dans le cul une large bleſſure,
Pour moịqui n'ai pu voir ce ſpectacle éclatant
Sans paroịtre, Madame interdit & tremblant,
J'ai couru, ịai volé, dans ce moment terrible:
Puiſſent les dieux punir cet attentat terrible!

CONILLE.

Que d'horreurs! je fuccombe, & mon cœur abattu
De rage & de douleur, déchiré, combattu,
Regrette cet amant qui m'avoit fu féduire.
Il a pu fe laiffer enculer fans rien dire!
Oublions à jamais un fi lâche mortel,
Et de ce pas courons,

COUILLE-AU-CUL.

Où ? Princeffe,

CONILLE.

Au bordel.

ACTE III.

SCENE PREMIERE.

VASTA, TETASSE, LE GRAND-PRÊTRE,
GARDES, PEUPLE.

VASTA.

RENDONS graces, amis, au dieu qui nous
    protége,
Vit-mollet eft foutu, ce lâche facrilege,
Du culte de Priape indigne obfervateur,
Dans Fout-fix-coups enfin reconnoît un vainqueur;
En tombant fous fes coups il lui céde ma fille:
Il renonce à jamais à la main de Conille;

Célébrons du vainqueur le glorieux retour,
Et qu'au plaisir de foutre on consacre ce jour.
De mon ordre suprême instruisez la Princesse,
Je veux qu'à Fout-six-coups montrant de la ten-
　　　dresse,
Son cœur de Vit-mollet perde tout souvenir,
Et prépare son con pour un nouveau plaisir :
Obéissez, Tetasse ; & nous, volons au temple :
Quand il s'agit de foutre, il faut donner l exemple.

SCENE II.

VASTA, FRAPPART, VIT-EN-L'AIR, GARDES.

VIT-EN-L'AIR.

MADAME, à vos genoux, le Prince que je sers
Amenoit Vit-mollet accablé de ses fers.
L'air qui retentissoit du bruit de sa victoire,
Ne lui faisoit plus voir d'ennemis de sa gloire :
Quand ce traître animé par des nouveaux transports
A saisi Fout-six-coups par le milieu du corps,
Et lui prenant alors les couilles par derriere,
Aux yeux de tout le monde il l'a foutu par terre :
Fout-six-coups se releve, & d'un air furieux,
Tu m'as trahi, dit-il, mais j'atteste les dieux
Que pour venger l'affront que tu fais à mes couilles,
Des tiennes à l'instant ce glaive te dépouille.
A peine a-t-il parlé, que Vit-mollet vaincu

Se voit châtré, Madame, & tombe sur le cul.
Je meurs, est le seul mot que prononce sa bouche.
Malgré sa trahison son supplice me touche ;
Tout le monde en frémit, & jusqu'à son vainqueur
Qui détournant les yeux de ce sujet d'horreur,
De cet événement m'envoie vous instruire ,
Prêt d'obéir aux loix que vous voulez prescrire.

SCENE III.

VASTA , TETASSE.

VASTA.

EH bien! Conille enfin se rendant à mes loix
De Fout-six-coups vient-elle admirer les exploits?
Parle, l'as-tu trouvée?

TETASSE.

Ah ! pardonnez, Madame ,
A la juste douleur qui pénétre mon ame,
La Princesse n'est plus , elle est morte en foutant ,
Maudissant jusqu'aux dieux dans son dernier mo-
ment ;
Sous un vit de mulet enfin anéantie ,
En déchargeant, Princesse , elle a perdu la vie.

VASTA.

J'apprends en m'en foutant ce prétendu malheur;
Vous ne me verrez pas marquer de la douleur.
Du lâche Vit-mollet devenant la maîtresse ,
Elle dut renoncer dès-lors a ma tendresse.
Ma fille un jour auroit déshonoré mon nom:

Je préfere sa mort a ce honteux affront.
L'aïe-foute plutôt tout mon royaume ensemble
Que de faire jamais quelqu'un qui lui ressemble.
C'est assez s'occuper d'un aussi vil objet,
Ainsi le veut Priape, & Vasta s'y soumet ;
Que Fout-six-coups plutôt occupe nos pensées:
Il approche, éloignons ces funestes idées.

S C E N E   I V.

FOUT - SIX - COUPS, VASTA.

FOUT-SIX-COUPS *portant au bout d'une fourche les couilles de Vit-mollet.*

DU traître Vit-mollet que les couilles fumantes
Ornent de ce palais les voutes éclatantes,
Et servent à jamais de preuve à l'univers,
Qu'il s'est vu de ma main foutre l'ame à l'envers.
(á Vasta.)
Madame, vous savez que mon rival lui-même
A forcé ma douceur, & que sa haine extrême
A voulu de sa main m'arracher les couillons:
Mon bras sut l'en punir, & ses deux testicules
Vont orner désormais l'un de vos vestibules.
J'attends de votre part ma grace ou mon arrêt.
VASTA.
Ah ! n'attendez de moi, Seigneur, aucun regret,
Quoique Priape même ait frappé ma famille ;
Car vous n'ignorez pas que je n'ai plus de fille;

Elle s'eſt immolée à ſon reſſentiment ,
Et la mort l'a rejoint à ſon infame amant.
Je m'en fous, je l'ai dit , & je vous le répéte,
Mais il paroît qu'ici Fout-ſix-coups la regrette.

FOUT-SIX-COUPS.

Moi !   VASTA.

   Vous.   FOUT-SIX-COUPS.

      Non , non , jamais :

               VASTA.

                  Eh bien ! prouvez-le moi.
FOUT-SIX-COUPS.

Que faut-il faire ?

               VASTA.

               Foutre & recevoir ma foi.
Si vous ne bandez pas, Seigneur , la diligence
Peut encore à vos ſens donner de l'exiſtence ;
J'ai fait dans mon palais aſſembler les putains
Attendons tout ici du ſecours de leurs mains.
FOUT-SIX-COUPS.

Qui, moi ! Madame, avoir recours à l'artifice !
Non, je mériterois le plus honteux ſupplice,
Si mon vit un moment pouvoit ſe relàcher
Au point de ne pouvoir vous faire décharger.
Je vais faire bidet, & près de vous , Princeſſe
Je revole à l'inſtant vous patiner la feſſe ,
Vous foutre , vous branler juſqu'a demain matin :
A force de bander mériter votre main ;
Et ſi ce n'eſt aſſez, ma vigueur éclatante ,
Sans art & ſans ſecours devenant plus brillante
Entreprendra de foutre aux yeux de l'univers ,
Le Prêtre, la Prêtreſſe , & le Dieu que je ſers.

VASTA.

Tombez à ſes genoux, rendez-lui votre hommage;
Un dieu lui-même, un dieu feroit il davantage?
Mottes, cons, culs, tettons, apprêtez-vous pour lui,
Fout-ſix-coups déſormais eſt votre ſeul appui.

F I N.

ARGUMENT DU BALLET.

LEs Prêtreſſes commencent le Ballet, ſeules, & font l'exercice du Godmiché ; elles ſont interrompües par les Guerriers qui forment avec elles les trente-deux poſtures de l'Aretin, & le pas de deux de la viole d'Amour.

VERS adreſſés au Public par Mademoiſelle RAUCOURT, *après avoir rempli le rôle de Vaſta.*

LOIN d'ici, fouteurs à la glace,
Dont le vit effrayé d'aller juſqu'à deux coups;
Mollit dès le premier, & déſerte la place;
Loin d'ici, mes faveurs ne ſeront pas pour vous.

VERS adreſſés au Public par LE KAIN *qui avoit fait le rôle de tout-ſix-coups.*

JEUNESSE au bordel aguerrie
Ayez toujour le vit au con.
En foutant l'on ſert ſa patrie:
Qu'on ſoit ſage, à quoi lui ſert-on?

LA

LA NOUVELLE MESSALINE,

TRAGÉDIE EN UN ACTE.

PAR PYRON, DIT PRÉPUCIUS.

L'AUTEUR AU LECTEUR.

On ne pourra pas ici me reprocher d'avoir infecté ma Piece de mots sales & équivoques. J'ai rendu, autant que j'ai pu, le style clair & net ; & je puis assurer que le Lecteur, si borné qu'il puisse être, ne trouvera rien au dessus de la portée de son intelligence.

Car de ce grand Boileau contrefaisant le ton,
J'appelle un vit, un vit, je nomme un con,
   un con.

La singularité de ma Piece me force, malgré ma modestie, à dire qu'elle est excellente dans son genre, que je la trouve telle, parce qu'elle est de moi, & que ceux qui auront le goût assez mauvais pour n'y pas applaudir, n'auront qu'à la jetter au feu, c'est de quoi je me soucie peu d'avance. Adieu.

Quoiqu'on attribue cette Piece à Pyron, *elle est de* Grandval.

ACTEURS.

COUILLANUS, Roi de Foutange.

MESSALINE, Fille de Couillanus.

VITUS,

PINEZ DE VILLEPRUNE, } PRINCES & Amans de Messaline.

MATRICIUS,

NOMBRILIS,

CONINE, Suivante de Messaline.

PLUSIEURS GARDES.

La Scene est dans le Palais Royal.

Que chacun, nous dit-elle, vite s'arme & s'ap-
prête.

LA NOUVELLE
MESSALINE,
TRAGÉDIE.

SCENE PREMIERE.

MESSALINE, CONINE.

CONINE.

Oui, ce rapport, Madame, est fidele & sin-
 cere ;
Dans une Isle prochaine on a vu votre pere :
Eloigné de ces lieux depuis près de six ans,
Il revient dans ces murs embrasser ses enfans.
Quel contretems fâcheux dans le chagrin vous
  jette ?....
Errante en ce Palais & toujours inquiette.....
Vous ne m'écoutez pas, & vous fermez les yeux,
Craignant de rencontrer la lumiere des cieux ;
Vous avez la douleur peinte sur le visage ;
La tristesse sied mal aux filles de notre âge.
Mais, quoi! vous soupirez quel est donc ce secret?

D 3

MESSALINE.

Ah ! ſi je ſuis chagrine il en eſt un ſujet.
Tu connois bien Vitus, ce héros admirable
Que mon cœur adoroit, ce n'eſt qu'un miſérable

CONINE.

Par où vous déplait-il ? & quel eſt ce tranſport?

MESSALINE.

Que ne le vois-je, hélas ! dans les bras de la mort.
Sans doute il te ſouvient que dès cette journée
Qu'il parut à mes yeux, je me crus fortunée.
Il avoit, en effet, le dos large & quarré,
Le nez long, je ne l'ai que trop conſidéré.
Sur un lit de gazon il me ſurprit dormante,
Il leva de ſa main ma jupe un peu flottante;
De ſa large culotte il arracha ſon vit. . . .
Et pour tout dire enfin, Conine, il me le mit.
Quel plaiſir! que de coups juſtes Dieux, quelle joie!
Pyrrhus en eut-il plus, lorſqu'il vit brûler Troye?
Sans jamais de mes bras ſe vouloir dégager,
Je le vis, & bander, & foutre & décharger.
Eh bien donc, ce Vitus, dont la vigueur extrême
Me foutoit, refoutoit, ſans en paroître blême,
Aujourd'hui, par un ſort que je ne comprends pas,
Eſt plus mol que ne fut laine de matelas.
Son vit qui paroiſſoit ne reſpirer que foutre,
Sur les bords de mon con ne ſauroit paſſer outre.
Oui, Conine, voilà quel étoit mon ſecret.
Ah ! ſi je ſuis chagrine, eſt-ce donc ſans ſujet?

CONINE.

Oui, vous avez raiſon, Madame, de vous plaindre,
Après un tel affront que pouvez-vous plus crain-
dre?

Mais enfin, quoiqu'il soit & cruel & sanglant,
N'allez pas vous abattre, & qu'un con si charmant
Garde bien de sécher de honte & de tristesse,
Pour avoir de Vitus éprouvé la mollesse.
Ne vaudroit-il pas mieux pour vous récompenser.

MESSALINE.

J'entends, & de ce pas je m'en vais y penser.
C'est nourrir trop long-tems une douleur timide.
Je veux que désormais le seul foutre me guide.
Allons, que de torrens de foutre répandus
Parviennent à remplir tous mes momens perdus.
Mais, quelqu'un vient ici ; ô ciel qui pourroit-ce
    être ?

CONINE.

Madame, c'est Vitus, & je le vois paroître.

MESSALINE.

Ah ! Conine, dis-lui, qu'en l'état où je suis,
Le fuir & le haïr, c'est tout ce que je puis.

SCENE II.

VITUS, CONINE.

VITUS.

ON m'abhorre, on me fuit : ah, paillarde
    Princesse !
Réserviez-vous ce prix à toute ma tendresse ?
(à Conine.)
Mais, dis-moi, quel sujet a détourné ses pas ?

CONINE.

Quoi! vous-même, Seigneur, ne le savez-vous
    pas ?
Ne vantez plus ici toute votre tendreffe,
Vous, vous qui la pouffez jufques à la moleffe.

VITUS.

Il n'eft pas étonnanr, j'en fais ici l'aveu,
Qu'après neuf coups de fuite un vit débande un
    peu. CONINE.
C'eft là tout le fujet de fa colere extrême...
Ah ! peut-être, Seigneur, peut-être Vitus même,
Etant femme comme elle, après un tel affront,
D'un plus honteux dépit verroit rougir fon front.
Mais vengez – vous, Seigneur, & faites choix
    d'une autre,
Elle change de vit & méprife le vôtre,
Changez auffi de con & méprifez le fien.
Si vous y confentez je vous offre le mien.
Peut-être, il s'en faut bien qu'il ait autant de
    charmes ;
Un guerrier tel que vous veut de plus nobles armes.
Mais fongez, en voyant s'il eft grand ou petit,
Que de changer de con augmente l'appétit.

VITUS.

Je fuivrois vos confeils, fi dans cette aventure
Vous euffiez un peu moins écouté la nature :
Sans doute elle vous porte à me parler ainfi.
J'excufe vos tranfports : éloignez-vous d'ici;
Je pourrois me venger d'un tel excès d'audace;
C'eft affez vous punir, d'autant que vous voulez
Que je vous foute, & que je ne veux pas, allez.

CONINE, *à part.*

Quel mépris ! eh ! bien donc, je te ferai connoître
Que ton vit me foutra plus de 9 coups peut-être.

SCENE III.

VITUS, *seul.*

AMour, c'est à présent que je sens ton pouvoir,
Tu trompes tôt ou tard & tu le fais bien voir.
Je n'avois jusqu'ici regardé Messaline
Que comme une putain pour amuser ma pine ;
En elle j'apperçois des attraits chaque jour,
Et plus je vois son con, plus je ressens d'amour.
Conin vient s'offrir ; mais plus elle m'agace,
Moins je sens que la gueuse occupera sa place,
Car j'aime Messaline, & je vais m'efforcer,
En la rassasiant, de la décourroucer.

SCENE IV.

VITUS, UN GARDE,
LE GARDE.

MEssaline, Seigneur, dans sa douleur pro-
      fonde,
Veut que de ce Palais j'écarte tout le monde,
Elle vient.   VITUS.
      Il suffit, je la laisse en ces lieux,
Et ne lui montre pas un visage odieux.

SCENE V.

MESSALINE, PINEZ, MATRICIUS, NOMBRILIS.

MESSALINE.

Venez, fameux héros, & tous trois prenez
    place ;
Je fais tous vos exploits ; mais le choix m'em-
    barraffe :
Oui, je veux que le fort décide feul du vit,
Du vit qui vient s'offrir pour entrer dans mon lit.
Mais, le fort, que dis-je ? quelle eft mon im-
    prudence ?
Non, ne nous en fions qu'à notre expérience.
Celui qui de vous trois eft le plus vigoureux,
Entrera dans mon lit en me foutant le mieux.
Allons, braves guerriers, excitez votre pine,
Briguez avec honneur le con de Meffaline.
Entrez dans la carriere, & montrez tant d'ardeur,
Qu'il ne foit entre vous, ni vaincu, ni vainqueur.
Vous foumettez-vous tous à cette loi commune ?
Répondez le premier, Pinez de Villeprune.

PINEZ.

J'obéis. Je connois la vertu de mon vit :
Peut-être que des trois il eft le plus petit ;
Mais, qu'importe, pourvu que des ruiffeaux de
    foutre
Inondent votre con.

(47)

MATRICIUS.

        N'avancez pas plus outre:
Sachons qui de nous trois le premier la foutra.

MESSALINE.

Celui qui de vous trois le premier bandera.

MATRICIUS, PINEZ, NOMBRILIS, *ensemble.*

Mais nous bandons tous trois.

MESSALINE.

        Ah! quel heureux présage!
Je vais donc inventer une autre loi plus sage:
Tirez, Matricius, quelques poils de mon con.

MATRICIUS.

J'en tiens.

MESSALINE.

    Et vous Pinez?

PINEZ.

        J'en tiens aussi.

MESSALINE.

            C'est bon:
A vous donc, Nombrilis, ne craignez pas d'en
        prendre,
Mon poil revient sur l'heure & renaît de sa cen-
        dre.
Comptez-les à présent; combien Matricius?

MATRICIUS.

Dix-neuf.

MESSALINE.

    Et vous Pinez?

PINEZ.

        J'en ai quatre de plus.

MESSALINE.

Eh ! combien en a pris de fa dextre velue,
Le muet Nombrilis à la bouche coufue ?

NOMBRILIS.

J'en ai tiré dix-fept, Meffieurs, foyez témoins,
Que fi je ne dis mot je n'en bande pas moins.

MESSALINE.

Ne perdons pas de tems à des difcours frivoles;
Il faut des actions & non pas des paroles.
Nombrilis en ces lieux me foutra le premier,
Matricius enfuite, & Pinez le dernier.
Allons au Dieu Priape offrir ce facrifice:
Suivez-moi, Nombrilis, venez, entrez en lice;
Couchons-nous fur ce lit... je décharge déja,
Et toi, décharges-tu ?

NOMBRILIS.

Laiffe faire, va, va.

MESSALINE.

Mais, quoi! ton vit debande, & le lâche recule;
Je te croyois au moins la force d'un Hercule:
Retire-toi d'ici, laiffe-moi, pouffe-mol,
Que le Diable t'emporte & te caffe le col.
Venez, Matricius, & rempliffez la place:
Quand je fuis tout un feu, d'où vous vient cette
glace ?
Où donc eft votre vit ?

MATRICIUS.

Madame, le voilà.

MESSALINE.

Je tombe, jufte ciel, de charibde en fcylla;
Vous ne pouvez bander : Dieux ! quel funefte
orage !

(*à Pinez.*)

Quoi! dans un si beau champ vous manquez de
      courage?

PINEZ.

Madame, je bandois, mais je ne bande plus.

MESSALINE.

Ah! c'est trop en un jour essuyer de refus.
Bande-à-laise, fuyez, ôtez-vous de ma vue;
Vos vits ne bandent pas quand je suis toute nue?
Fuyez, dis-je, fuyez, craignez les mouvemens
Qu'exciteroit l'ardeur de mes ressentimens.

SCENE VI.

MESSALINE, *seule.*

O rage! ô désespoir! ô Vénus ennemie!
Etois-je réservée à cette ignominie?
N'ais-je donc encensé ton temple & tes autels
Que pour être l'objet du foible des mortels?
Tu peux voir aujourd'hui rater ces quatre infames
Et n'entreprendre pas la vengeance des femmes?
N'est-ce donc pas pour toi le plus sanglant affront,
Qu'on m'ait enfin réduite à me branler le con?
Venge-toi, venge-moi, saisis-toi de la foudre,
Et que leurs vits mollets soient tous réduits en
      poudre.
O terre! entr'ouvre-toi sous leurs pas chancelans,
Déesses des Enfers, inventez des tourmens,
Creusez à chaque instant abyme sur abyme,

E

Qu'ils apprennent enfin comme on punit le crime;
Et renversant pour eux les ordres des destins,
Faites qu'après leur mort ils foutent des putains,
Dont les cons vérolés, du fond de leurs matrices,
Ne lancent sur leur vit que poulains, chaudepisses;
Que de sales morpions leur corps soit tout cou-
    vert;
Qu'ils déchargent toujours un foutre jaune & vert,
Et qu'un chancre brûlant en tourmentant leur ame,
Leur apprenne sans cesse à rater une femme.

SCENE VII.

MESSALINE, UN GARDE.

LE GARDE.

Madame, votre pere en ce moment arrive,
Le peuple pour le voir, s'empresse sur la rive;
On n'entend que des cris; mais il entre en ces lieux;
Cachez-lui, pour un tems, le trouble de vos yeux.

SCENE VIII.

LE ROI, MESSALINE.

LE ROI.

Ma fille, qu'il m'est doux, après six ans d'ab-
    sence,
De pouvoir, en ce jour, jouir de ta présence
De goûter des plaisirs...

MESSALINE.

Arrêtez, Coriïlanus !
Tous vos empreſſemens ſont pour moi ſuperflus ;
Vous êtes offenſé ; la fortune maligne
N'a pas, en votre abſence, épargné Meſſaline ;
Indigne de vous voir & de vous approcher,
Je ne dois déſormais ſonger qu'à me cacher.
(*Elle ſort.*)

LE ROI , *ſeul.*

Quel eſt l'étrange accueil qu'elle fait à ſon pere ?
Ce départ ſi ſubit cache quelque myſtere ;
Sachons-en le ſujet de Conine qui vient.
A qui peut s'adreſſer le billet qu'elle tient ?

SCENE IX.

LE ROI, CONINE.

CONINE.

Seigneur, c'eſt pour Vitus.

LE ROI.

Pourquoi donc ta Maîtreſſe
Fuit-elle à mon aſpect ? craint-elle ma tendreſſe ?
Son viſage eſt en feu, ſes yeux ſont en courroux ;
A quoi s'occupe-t-elle en ces lieux ?

CONINE.

Elle fout.

LE ROI.

Le foutre fait paſſer des momens agréables ;

(52)

Je ne condamne point ces paſſe-tems aimables;
Mais faut-il y donner & ſon tems & ſes ſoins?
Se faiſant des vertus, qu'elle foute un peu moins,
Qu'elle ſe faſſe un nom glorieux dans l'hiſtoire....

CONINE.

Seigneur, pluſieurs chemins conduiſent à la gloire;
La Princeſſe veut bien ſe faire un nom glorieux;
Le foutre eſt ſa vertu, c'eſt la vertu des Dieux.
Oui, les Divinités n'en connoiſſent point d'autre,
C'eſt là leur ſeul plaiſir, & c'eſt auſſi le nôtre.
Peut-on nous condamner de marcher ſur leurs pas?
Détrompez-vous, Seigneur, foutre eſt la ſeule
    gloire
Qui puiſſe nous conduire au temple de mémoire.

LE ROI.

Je céde à tes raiſons, un diſcours ſi touchant
Fait que mon vit ſe dreſſe, & je le ſens bandant;
Je m'en vais de ce pas auprès de ma maîtreſſe.

CONINE.

N'allez pas lui donner des preuves de vieilleſſe.

SCENE X.

CONINE, *ſeule*.

DAIGNE, Amour, protéger mon amoureux
    deſſein,
Fais que Vitus s'abuſe, & qu'il me foute enfin;
Le voici qui paroît.... s'il pouvoit me le mettre!

SCENE XI.

VITUS, CONINE.

CONINE.

ON me charge, Seigneur, de vous rendre une
    lettre,
La voici :

VITUS.

Lifons donc.

CONINE.

    Dieu d'amour, fais fi bien
Que de mon artifice il ne foupçonne rien.

VITUS, *lit.*

» Adorable Vitus, fi ton cœur m'aime encore,
Tâche de m'en donner la preuve en ce moment ;
Je viendrai te rejoindre en cet appartement,
Pour te jurer cent fois que mon ame t'adore.
    Mon pere eft en ces lieux ;
De crainte qu'il ne vienne ici pour nous fur-
    prendre,
    Fais que tout ferme au mieux,
Et qu'on ne puiffe enfin nous voir, ni nous en-
    tendre «

Cherchant fon vit.

O bonté fans exemple! adorable Princeffe,
Quoi, pour mon vit encor votre con s'intéreffe?
Et toi, mon vit, & toi?

E 3

CONINE.

Juſte ciel, qu'il eſt beau !
O con trois fois heureux qui tiendra ce moineau.

VITUS.

Pourquoi donc interrompre ainſi ma période ?
Hélas ! qu'une ſuivante eſt ſouvent incommode.
Et toi, mon vit, & toi, des vits le plus heureux,
Fais donc en ma faveur un effort généreux ;
Et puiſqu'on ne l'a vue jamais raſſaſiée,
Par tes coups redoublés, fais ſi bien qu'épuiſée
Elle tombe ſans force, & me conteſſe enfin
Que j'ai ſeul le pouvoir de laſſer ſon conin.
Va lui dire auſſi-tôt qu'avec impatience,
J'attends en ce moment de ſon con la préſence.

SCENE XII.

VITUS, ſeul.

CONINE te lorgnoit, tu lui fais appétit :
Il eſt vrai, j'aurois dû la jetter ſur le lit...
Qu'importe, quand j'aurai bien foutu Meſſaline,
Je pourrai m'amuſer à ſa chere Conine :
Pour cela mon honneur ſeroit-il offenſé ?
Ma gloire eſt de bander, de foutre, c'eſt aſſez.
Eh ! combien en eſt-il, non pas un, mais cinquante,
Qui foutent la Maîtreſſe, enſuite la Servante ?
Mais mon bonheur approche, on vient, j'entends
      du bruit,
En fermant les rideaux, précipitant la nuit,
En croirai-je mon cœur ? eſt-ce vous ma Princeſſe'

SCENE XIII.

VITUS, CONINE.

CONINE, *déguisée.*

JE ne vous trompe point, je remplis ma promesse.
C'est moi, mon cher Vitus.

VITUS.

Masquée ! eh ! pourquoi ça ?
Vous tenez quelque chose & je sens...

CONINE.

Alte là.
Ce sont des grands mouchoirs, environ six & trente.

VITUS.

Quatre de plus, Madame, en auroit fait quarante.

CONINE.

Je les ai dans ces lieux apportés tout exprès,
Pour m'essuyer le con : je suis propre à l'excès.

VITUS.

Quelle précaution ! ma pine n'est pas forte
Assez pour empéser vos mouchoirs de la sorte ;
Détrompez-vous, Madame, cherchez en d'autres
        lieux.
Des vits plus abondans & qui vous foutent mieux.

CONINE.

Faut-il que jusques-là le traître me ravale !
Le foutre lui plaisoit, mais avec ma rivale;

Tu ne saurois bander, perfide, & je l'entends:
Eh bien, connois-moi donc, regarde, il en est tems:
Vois ce que mon amour m'avoit fait entreprendre.
Tu demeures surpris? j'ai voulu te surprendre.
Ta surprise me venge, & bientôt, à l'instant,
Tu vas savoir un fait beaucoup plus important.

SCENE XIV.

VITUS, CONINE, DEUX GARDES.

LE PREMIER GARDE.

AH! Seigneur, écoutez.

LE SECOND.

C'est moi qui veux apprendre.

LE PREMIER.

Ecoutez-moi, Seigneur.

LE SECOND.

Seigneur, daignez m'entendre.

LE PREMIER.

Il ne sait pas sa langue.

LE SECOND.

Il grassaye en parlant.

LE PREMIER.

Je fais bien les récits.

LE SECOND.

J'ai la voix de Legrand.

VITUS.

Oh! vous m'étourdissez.

(57)

LE SECOND.

C'eſt par excès de zele.

VITUS.

Je vais par un ſeul mot finir votre querelle:
Commencez le récit, & vous le finiſſez;
Nous verrons qui des deux ſe ſera ſurpaſſé.
Faites-nous apporter à chacun une chaiſe;
Pour entendre un récit il faut être à ſon aiſe.

LE PREMIER.

A peine la Princeſſe avoit quitté ces lieux,
Nous la voyons ſortir la fureur dans les yeux;
Elle entre avec tranſport dans la ſalle des Gardes,
Et dit au Capitaine, en déchirant ſes hardes,
Otez-moi ma chemiſe: il le fait, ſur un banc,
La Princeſſe auſſi-tòt & ſe couche & s'étend.
Nousdévorons des yeux ſes belles cuiſſesblanches,
Ses feſſes, & ſa gorge, & ſes aimables hanches,
Sa motte rebondie, & ſon con tout charmant:
Ah! Seigneur, je ne puis en parler qu'en bandant.
Que chacun, nous dit-elle, vìte s'arme & s'aprête,
De Vénus aujourd'hui je célebre la fête;
Vous n'aurez aucun mal, j'en donne ici ma foi,
Venez, je le permets, bandez & foutez-moi.
Elle dit, & chacun l'admire & la contemple,
Et notre Capitaine, en nous donnant l'exemple,
La fout, Seigneur, la fout ſix coups ſans déconner.
On nous commande alors de nous déboutonner.
Nous nous déboutonnons chacun, ſelon ſa charge,
Se couche deſſus elle, l'enconne & décharge,
Le nombre des fouteurs ne l'intimide pas;

Tenant son Cavalier ferme dedans ses bras,
Donnant des coups de cul, rapprochant chaque
    fesse,
Elle joint au courage une admirable adresse.
Enfin, lorsque chacun, suivant son appétit,
Fut foutu, refoutu, chacun lave son vit.
Mais, prodige étonnant! qu'on ose à peine croire,
Et qui ne sortira jamais de ma mémoire,
La Princesse voulut se relever du banc,
Elle fait un effort, mais il est impuissant.
Le foutre qui s'étoit répandu sur la planche,
S'étoit si fort collé, tant aux reins qu'à la hanche,
Qu'elle ne pouvoit plus tourner d'aucun côté;
Cependant, par nos soins, nous l'en avons ôté:
Et j'avouerai, Seigneur, que jamais de ma vie
Je ne vis de la sorte une femme aguerrie.

LE SECOND.

Vous m'avez ordonné de parler le dernier,
Je rendrai mon discours aussi net qu'un denier.
La Princesse parut de ses exploits charmée
Autant que pourroit être un Général d'armée
Qui sort victorieux d'un combat incertain.
Dans son appartement elle rentra soudain,
Et se fit à l'instant, par ses filles de chambre,
Laver le cul, le con, ainsi que chaque membre.
Après avoir ainsi fait son ablution,
Elle prit aussi-tôt sa résolution.
Je forme, oui, dit-elle, une noble entreprise;
Faites sortir mon char de dessous la remise;
Qu'on y mette à l'instant mes six chevaux entiers,
Je prétends de Mottas visiter les quartiers.

Si-tôt dit, si-tôt fait ; elle monte & se place ;
Elle se fait conduire au chemin de Thalasse ;
A son ordre son char s'arrête ; elle descend :
Nous somes tous surpris des pleurs qu'elle répand :
Mais, malheur imprévu que produisoient ses lar-
   mes !
Elle veut s'enfermer. . . . .

VITUS.
En quel endroit ?
LE GARDE.

        Aux Carmes.
En faisant ses adieux, elle nous dit ces mots :
La vertu de mon con se perd dans le repos.
Je remplis un dessein digne de mon courage :
J'ai tâté jusqu'ici du Marquis & du Page,
Du Suisse, du Soldat & du grand Amiral,
Pour eux enfin mon con s'étoit rendu banal,
Il faut faire une fin : je veux tâter du Moine ;
Je laisse là le foin pour courir à l'avoine.
Elle nous quitte alors, & les Moines joyeux
Sans doute, à ce moment, la foutent de leur mieux.
Son pere, mais en vain, dans de rudes alarmes,
Voudroit la dégoûter de ce Couvent de Carmes ;
Mais elle lui répond en ouvrant de grands yeux ;
Faites-moi donc des vits qui puissent bander mieux
Je ne crains point du tout ici d'être ratée ;
Je les contenterai, je serai contentée.
Que puis-je souhaiter ? ma force est dans mon con,
Et la leur est toujours dans leurs vits & couillons.
Mai, quoi déja l'ardeur de foutre les rassemble ;
Sortez, Seigneur, sortez, & laissez nous ensemble

Son pere l'abandonne, & lui dit en courroux;
Tu veux y demeurer ; demeure, je m'en fous..
VITUS.

C'eſt bien : je ne veuz pas davantage en entendre
Je vous offre mon vit ; ſi vous voulez le prendre,
Madame, il eſt à vous.
CONINE.

Je ne puis le haïr,
Et lorſque vous parlez, c'eſt à moi d'obéir.
VITUS.

Oublions Meſſaline, & ſans aller plus outre,
Que l'on nous laiſſe ici..... venez.....
CONINE.

Où, Seigneur?
VITUS.

Feutre

F I N.

ALPHONS

ALPHONSE

L'IMPUISSANT,

TRAGÉDIE.

ACTEURS.

ALPHONSE, *Roi de Portugal.*

ALCIMADURE, *son premier Ministre.*

LÉONORE, *Reine de Portugal.*

ALVARÉS, *Prince de Portugal.*

Mon cœur jaloux l'attend & sa mort est certain

ALPHONSE L'IMPUISSANT,
TRAGÉDIE.

SCENE PREMIERE.

ALCIMADURE, *seul.*

LEs États affemblés en tumulte à Lisbonne,
Au perfide Alvarés affurent la Couronne,
Si dans un an le Roi ne donne au Portugal
Un enfant qui du Trône exclura ce rival.
Pour tromper Alvarés j'entre en fa confidence,
Mon amitié pour lui gagne fa confiance,
Mais je le hais autant que je l'aimai jadis :
Le crime ne peut pas conferver des amis.
Pour perdre ce rival & pour fauver Alphonfe,
Il n'eft rien fous les cieux à quoi je ne renonce.
Mais, au fein des grandeurs, & Favori d'un Roi,

Qui des soins de l'État se repose sur moi:
Qui croiroit qu'en secret le seul Alcimadure
Ressentit des malheurs dont frémit la nature?
Malheurs qu'en cette Cour on n'a point découverts,
Et que j'ai su cacher aux yeux de l'univers.
Dès mes plus tendres an, amené à Bizance,
Des monstres prirent soin d'élever mon enfance;
Aux plus affreux excès portant leur cruauté,
M'enlevérent le sceau de la virilité.
Leur aveugle fureur, leur noire barbarie
Aux horreurs d'un Sérail consacrerent ma vie;
Et pour m'anéantir, sans me priver du jour,
Ne laisserent en moi nulle prise à l'amour.
Depuis ce tems affreux, en horreur à moi-même,
Rien ne peut réparer mon infortune extrême.
Loin de moi pour toujours s'envola le plaisir,
J'en cherche en vain l'image & ne peux la saisir;
Le désespoir souvent malgré moi me surmonte,
Et ma ressource unique est de cacher ma honte.
Mais le Roi vient.

SCENE II.

ALPHONSE, ALCIMADURE.

ALCIMADURE.

SEIGNEUR, tant de bruits incertains...

ALPHONSE.

Le Sceptre va bientôt passer en d'autres mains

Tu fais depuis six ans qu'un stérile hyménée
Au fort d'une Princesse unit ma destinée.
Je me plaignois en vain par un subtil détour
Qu'elle ne donnoit pas des fruits à mon amour.
Quand j'époufai la Reine, elle étoit mere & veuve,
De sa fécondité l'Espagne avoit la preuve.
Je fus accusé seul, & le peuple indécent
Me surnomma dès-lors Alphonse l'impuissant.
A quoi n'eut pas recours ma honteuse industrie;
Je prenois mon néant pour une léthargie.
Juste ciel! que ne puis-je oublier cette nuit,
Qui de mon triste sort ne m'a que trop instruit!
Tout respiroit l'amour dans cette nuit fatale,
Cent lustres éclairoient la couche nuptiale,
Flore l'embellissoit des plus brillantes fleurs,
Et Zéphire exhaloit les plus douces odeurs ;
Sur le lit conjugal, la Reine à demi-nue.....
O ciel! que de beautés elle offroit à ma vue!
Pour un corps tout de glace inutiles ressorts :
Peins-toi, si tu le peux, ma rage & mes transports;
Sans cesse complaisante & sans cesse trompée,
La Reine au fond du cœur mortellement frappée,
Disoit que pour moi seul, sensible à mon malheur,
Elle bornoit l'amour au seul plaisir du cœur.
Son dépit qui perçoit à travers ce langage,
Redoubloit ses appas, ma honte & son outrage.
Malheureux! la nature en me formant le corps,
Aux sources de la vie a rompu les ressorts :
Rien n'a pu surmonter sa haine opiniâtre.
Ah, nature ennemie! ah, nature marâtre !
Falloit-il nous priver de nos droits le plus doux?

Du dernier des humains je dois être jaloux.
Le plus vil des mortels jouit de l'avantage,
Dont tu n'as pas daigné me faire aucun partage,
De ton avare main je n'ai pu l'obtenir.
Pourquoi me commencer & ne me pas finir?
Ne m'as-tu donc formé que pour être sans cesse
Ton opprobre & celui de toute notre espece?
Tu ne m'as fait sortir du néant qu'à moitié ;
Ah! tu devois du moins m'y laisser par pitié.

ALCIMADURE, à part.

Infortuné, quel sort !

ALPHONSE.

Alvarés, mon beau-frere,
Couvrant ses noirs projets du voile du mystere,
Fomente une révolte : Alvarés triomphant,
Dans un an sera Roi si je n'ai point d'enfant.
J'appaise pour un tems les États qu'il souleve ;
Pour faire un héritier on m'accorde une treve,
Une treve d'un an, ciel ! que ce terme est court!
Pour me désespérer aujourd'hui tout concourt.
La Reine, dont en vain j'ai tenté la sagesse,
D'une austere vertu conserve la rudesse.

ALCIMADURE.

Seigneur, avec plus d'art il faut la ménager ;
La vertu dans le sexe est la peur du danger.
Avec vous sur l'honneur elle s'est retranchée ;
Un autre qu'un époux l'eût moins effarouchée,
Et si, lui faisant part d'un amant bien discret,
Vous-même paroissiez ignorer son secret,
Peut-être alors la Reine, à l'ombre du mystere,
Au gré de vos desirs deviendroit moins sévere,

ALPHONSE.

Non. J'en ai fait la preuve, & d'un facile époux
Affectant à dessein les déhors les plus doux ;
Je pensois entrevoir & j'avois lieu de croire
Qu'elle préféreroit le plaisir à la gloire.
J'en attendois le fruit d'un amour clandestin ;
Mais admire avec moi la rigueur du destin ;
Jusqu'où va la fureur de son aveugle rage ;
Dans mon Royaume entier, ma femme est seule
   sage,
C'est pour moi seul qu'est fait un semblable
  malheur,
Et les autres époux sont comblés de bonheur.

ALCIMADURE.

Rien ne peut-il calmer l'ennui qui vous posséde ?

ALPHONSE.

A mon malheur je ne vois qu'un remede.

ALCIMADURE.

Eh quoi ? Seigneur.

ALPHONSE.

   Écoute. Un sujet tel que toi,
Du fardeau de l'hymen doit soulager son Roi.

ALCIMADURE.

Seigneur, que dites-vous ?

ALPHONSE.

   Dès que la nuit plus sombre
Aux larcins des Amans aura prêté son ombre ;
Mes ordres sont donnés : par des détours secrets
Tu pourras pénétrer au fond de ce Palais ;
L'intérêt de l'État sur mon amour l'emporte ;
Une Dame d'honneur viendra t'ouvrir la porte ;

Dans le lit de la Reine entre fans nul effroi;
Fais ce que jufqu'ici n'a pu faire ton Roi.
Ami, dompte pour moi la nature rebelle,
Et fonge à bien remplir une place fi belle;
Obferve avec la Reine un filence profond;
Peut-être voudra-t-elle examiner à fond
Ce qui produit en moi de fi puiffans miracles;
Mais agis fans parler, force tous les obftacles,
Trouve l'art enchanteur de la paffionner,
Et ne lui donne pas le tems de s'étonner.

ALCIMADURE.

Seigneur...

ALPHONSE.

Pour me fervir, va, redouble ton zele:
Je ne puis mieux choifir qu'un fujet fi fidele.
Au refte, tu conçois qu'un femblable projet
Exige du myftere un éternel fecret,
Et pour le jufte prix d'une folle imprudence
La mort fuivroit de près la moindre confidence.

ALCIMADURE.

Mais Seigneur. . . .

ALPHONSE.

Tranche ici des difcours fuperflus.

ALCIMADURE.

Je me jette à vos pieds.

ALPHONSE.

Je ne t'écoute plus.

ALCIMADURE.

Ah! fouffrez qu'un fujet à vos genoux s'explique.

ALPHONSE.

Alcimadure, un Roi ne veut point de réplique;

Un sujet doit voler à son moindre desir.
Et son premier devoir est celui d'obéir. (*Il sort.*)

SCENE III.

ALCIMADURE, *seul.*

JUSTE ciel ! & comment veux-tu que j'obéisse ?
Hélas ! c'est ordonner ma honte & mon supplice.
Si la nature en toi n'a pas mis ce qu'il faut ,
Le sort a mis en moi la nature en défaut.
Hélas ! ai-je de quoi contenter ton envie ?
Mais, si j'eusse parlé, c'étoit fait de ma vie;
Sa politique adroite eût voulu me punir.
De savoir son secret sans pouvoir le servir;
Ce Maître soupçonneux m'en auroit fait un crime,
Et peut-être déja j'en serois la victime.
Essayons, pour sauver Alphonse & son honneur,
Si la Reine voudroit... elle paroît.

SCENE IV.

LÉONORE, ALCIMADURE,

LÉONORE.

SEIGNEUR ;
J'ai cru trouver le Roi dans ces lieux.

ALCIMADURE.

Ah ! Madame,
En faveur d'un époux laissez fléchir votre ame ;
C'est à vous d'appaiser les troubles de l'Etat,
Confondez Alvarés & son lâche attentat ;
Et rendant de la paix l'espérance moins frêle,
Donnez un héritier au Roi sans qu'il s'en mêle.

LÉONORE.

Interprete d'un Roi par la crainte abattu,
Te serois-tu flatté d'ébranler ma vertu ?
Où le Roi se servant de ta coupable adresse,
Croit-il avec plus d'art attaquer ma sagesse ?
Jointe au Roi par l'hymen, j'ai rempli mon devoir,
J'ai fait ce que j'ai pu, c'est à lui de pouvoir.
Si le crime peut seul conserver ma couronne,
Pleine d'un noble orgueil je descendrai du trône.
Le Ciel ne nous fit pas pour regner tous les deux,
Mais le Ciel nous créa pour être vertueux.
Dût contre ma vertu s'armer toute la terre,
Je ne brûlerai pas d'une flâme adultere,
Et quels que soient du Ciel les décrets éternels,
Nous serons malheureux & non pas criminels.

ALCIMADURE.

L'aveu de votre époux n'ôte-t-il pas le crime ?
De ces grands sentimens vous serez la victime,
Madame, en regrettant mes avis négligés,
Un jour vous reviendrez de tous vos préjugés.
Laissez donc gouverner le stupide vulgaire,
Qui, même sur ce point, ne l'est deja plus guere ;
Dans ce siecle éclairé chacun est rebattu
Qu'un si vain préjugé n'est pas une vertu.

Quel tort à votre époux un amant peut-il faire?
Madame, il céde un bien dont il n'a point à faire,
Un bien dont il a droit de pouvoir ordonner.
LÉONORE.
Oui, ce bien est à lui, mais peut-il le donner?
Lui seul en doit jouir, & son ordre suprême...
ALCIMADURE.
Les Rois ne peuvent pas tout faire par eux-mêmes.
Tout se rapporte au Roi sans qu'il en soit l'auteur;
Il traite de la paix par un Ambassadeur;
C'est par ses Généraux qu'il gagne des batailles,
Qu'il force des remparts, qu'il abat des murailles;
C'est en s'associant des Ministres prudens,
Qu'il regle le déhors & conduit le dedans:
Tout se fait en son nom, & tout tourne à sa gloire;
L'histoire de son tems devient sa propre histoire;
Ainsi, les héritiers que vous aurez sans lui,
Sont à lui comme à vous, quoiqu'ils viennent.
d'autrui.

LÉONORE.
Pense-tu m'éblouir par ces raisons forcées,
Et par l'éclat trompeur de tes fausses pensées?
Ma vertu, mon honneur....

ALCIMADURE.

L'opinion d'autrui
Est ce qui fait l'honneur des femmes d'aujourd'hui;
D'une femme galante à celle qu'on croit sage,
Toute la difference est le secret.
LÉONORE.

Peut-il aller plus loin?   L'outrage

ALCIMADURE.

      Dans un amant diſcret
Vous trouverez, Madame, à l'ombre du ſecret,
Les plaiſirs les plus vifs ſans perdre de l'eſtime.
    LÉONORE.
Le crime qu'on ignore en eſt-il moins un crime?
C'eſt peu que les mortels ſoient contens de mes
     mœurs ;
Je prétends être ſage à mes yeux comme aux leurs
Ceſſez donc en ce jour d'inſulter à ma gloire ;
Ces diſcours font horreur, & je ne ſaurois croire...
    ALCIMADURE.
Non, ne m'en croyez pas, croyez-en votre cœur ;
Maîtreſſe de choiſir, s'il connoît un vainqueur,
Vous pouvez, dès ce jour, amante fortunée,
Faire jouir l'amour des droits de l'Hyménée ;
Travailler pour Alphonſe en travaillant pour vous,
Et couronner l'amant par la main de l'époux.
    LÉONORE.
Inſolent ! penſe-tu qu'une honteuſe flâme
S'allume dans un cœur tel que le mien ?
    ALCIMADURE.
         Madame,
Vous vous piquez en vain d'inſenſibilité,
Aux plaiſirs de l'amour votre ſexe eſt porté ;
Mais, dès ſes jeunes ans, inſtruit à l'impoſture,
L'art pour diſſimuler ſe joint à la nature.
Je lis dans vos regards le trouble de vos ſens ;
Vous, rebelle à l'amour ? ah ! ces yeux languiſſans
Où Vénus imprima ſon tendre caractere,
Madame, tous les jours, dépoſent le contraire ;

Ils m'ont su révéler vos sentimens secrets ;
Je les ai vu, ces yeux, tournés sur Alvarés.

LÉONORE.

Arrête, téméraire, & respecte la Reine ;
Favori de ton Roi, tu méprises ma haine :
Mais je saurai l'instruire à quel point ses bontés
Ont su porter l'excès de tes témérités.
Il ignore sans doute une telle insolence,
Et je cours à ses pieds en demander vengeance.

ALCIMADURE.

Allez trouver, Madame, un Monarque irrité
Contre les faux dehors de votre chasteté ;
Peut-être espérez-vous qu'en le chassant du trône,
Alvarés, à vos pieds, portera sa couronne :
Vous l'aimez, il vous aime, & vos complots secrets
Vont à pouvoir un jour épouser Alvarés.
Mais le ciel irrité forçant tous les obstacles,
En faveur de mon Roi produira des miracles.
De lui-même, d'Alphonse, un enfant sortira,
Telle on a vu jadis l'impuissante Sara
Qu'on enleva deux fois sans la rendre fertile,
A quatre-vingt dix ans cesser d'être stérile,
Et proscrire l'espoir des enfans d'Ismaël,
En accouchant d'un fils dont sortit Israël.

LÉONORE.

Ministre criminel des volontés d'Alphonse,
J'oppose à tant d'horreurs le mépris pour réponse.

ALCIMADURE, *à part*.

Allons tout disposer, & trompant Alvarés,
Faisons tomber ce traître en nos pieges secrets.

SCENE V.

LÉONORE, ALVARÉS.

LÉONORE, *à part.*

IL fait pour Alvarés ma criminelle flâme.
Ciel ! mais c'est lui qui vient, fuyons.

ALVARÉS.

Eh ! quoi, Madame,
Dans sa prévention votre esprit affermi,
En fuyant Alvarés croit fuir un ennemi :
Qu'injustement, helas, votre cœur me soupçonne !
Si d'Alphonse en ce jour je brigue la couronne,
C'est pour l'offrir, Madame, a vos divins appas,
Et vous venger d'un homme : hélas ! il ne l'est pas ;
Du vain titre d'époux honorable victime,
Osez vous affranchir du joug qui vous opprime ;
Alphonse a-t-il des droits légitimes sur vous !
La nature en secret les lui refuse tous.
Ciel ! par quel coup du fort, par quel destin bisarre,
Victime de l'État, une beauté si rare
Tombe-t-elle au pouvoir d'un époux?... quelle
horreur !
(cœur.
Je succombe aux tourmens qui déchirent mon
Votre infortune, hélas ! fait celle de ma vie ;
Mourir en vous servant, c'est ma plus chere envie.

LÉONORE

Barbare, il vous sied bien de plaindre mes malheurs ;
Vous, l'auteur de mes maux, vous qui causez
mes pleurs.

ALVARÉS.

Moi, caufer vos malheurs , ah ! divine Princeffe ,
Pour vous , j'ai confervé ma premiere tendreffe.
Dans le fond de mon cœur lifez mieux en ce jour,
En moi l'ambition eft l'effet de l'amour.
Si vous ne partagez avec moi la couronne ,
Je céde fans regret tous mes droits fur le trône.
Ne vous fouvient-il plus de vos premiers fermens ?
Avez-vous oublié qu'il fut un heureux tems ,
Où j'allois avec vous unir ma deftinée ,
Lorfque l'amour du Roi rompit notre hyménée ?
Je vous rappelle en vain ces fouvenirs paffés ,
Le tems dans votre cœur les a tous effacés.

LÉONORE.

Je ne vous nierai pas, Seigneur, qu'en ma jeuneffe
Mon cœur fentit pour vous une égale tendreffe ;
Je touchois au bonheur de vous voir mon époux,
Et ma félicité dépendoit d'être à vous ;
Mais quand l'hymen du Roi trompa notre efpérance
Je repris fur mes fens une entiere puiffance ;
D'un amour malheureux mon cœur fe dégagea,
Le penchant le fit naître, & l'honneur l'étouffa :
Vous-même dans ce jour je vous prends pour
Alphonfe eft mon époux.   (arbitre :

ALVARÉS.

                    Il n'en a que le titre ;
C'eft ufurper un nom fi charmant & fi doux.
Madame, il faut être homme avant que d'être
            époux !
L'intérêt de l'Etat , votre honneur, tout vous force
A réclamer les loix faites pour le divorce :

Diſſipez la terreur d'un peuple factieux;
Manquant de ſucceſſeur , Alphonſe n'eſt qu'au-
        dacieux.....
Pour rompre votre hymen le ciel vous donne un
        Juge ;
Ayez recours aux loix, c'eſt votre ſeul réfuge,
Et vos liens rompus , il ne tiendra qu'a vous,
Madame , d'accepter Alvarés pour époux.

LÉONORE.

Qui , moi, que je ſubiſſe une preuve indécente!
Va , ce diſcours affreux me remplit d'épouvante.
Alphonſe eſt mon époux & le ſera; mon cœur
Ne couſulte de loix que celles de l'honneur,
Et je rejette enfin ces uſages coupables
Que ſuivent ſans remords des femmes mépriſables,
Qui rempliſſant des cris des Tribunaux divers,
Vont découvrir leur honte aux yeux de l'Univers.
Adieu, Seigneur.   [*Elle ſort.*]

SCENE VI.

ALVARÉS , *ſeul.*

Malgré l'amour qui me dévore,
Je me trouve forcé de l'admirer encore.
On vient.

SCENE VII.

ALVARÉS, ALCIMADURE.

ALVARÉS.

JE te cherchois, & toi feul dans mon cœur
Peux ramener le calme & bannir la douleur ;
Mon efprit eft en proie à des peines mortelles.

ALCIMADURE.

Que dites-vous, Seigneur? quand vos amis fideles
Ont daus ce jour forcé le Roi lui-même.

ALVARÉS.

        Ami,
Les États n'ont fervi ma fureur qu'à demi.
Alphonfe obtient du tems ; la treve d'une année
M'enleve l'efpérance auffi-tòt qu'elle eft née.
Mais, mettons tout en feu, troublons le Portugal,
Chaffons le Roi du trône & du lit conjugal.
L'ambition n'eft pas ce qui fait mon audace,
L'amour feul à mon cœur fait defirer fa place.
J'idolàtre la Reine & fens que chaque jour,
Chaque heure, chaque inftant augmente mon
    amour.
Pour éteindre des feux foibles dans leur naiffance,
Je condamnai mon cœur aux tourmens de l'ab-
   fence ;
Après bien des efforts, après mille combats,

Enfin je pris sur moi d'éviter ses appas.
L'absence n'a servi qu'à redoubler mes peines;
Le poison de l'amour a coulé dans mes veines;
Mon amour est mon être,& mon cœur aujourd'hui
Ne veut, ne voit, ne sent & n'écoute que lui.

ALCIMADURE.

Eh bien, Seigneur, hâtons le jour de nos ven-
geances,
J'a su par mes complots & mes intelligences
Vous frayer vers le trône un facile chemin;
Osez me seconder, vous y montez demain;
Demain, vous épousez la Reine.

ALVARÉS.

Alcimadure.

Par quel moyen ? comment ? poursuis, je t'en
conjure.

ALCIMADURE.

La vertu de la Reine est notre seul écueil,
Sa sagesse est l'effet de son farouche orgueil.
Dans un frivole honneur elle met l'héroïsme
Et porte la vertu jusques au fanatisme,
Jouant avec éclat un rôle embarrassant,
Elle chérit par force un Monarque impuissant.
Ainsi, n'espérez pas en le chassant du trône
Vous acquérir les droits qu'elle a sur la couronne.
Elle en feroit, Seigneur, un titre contre vous,
Qui vous empêcheroit d'être un jour son époux;
Elle croiroit devoir ce refus à sa gloire;
Mais des mains de l'amour obtenez la victoire.
Dans le lit de la Reine osez entrer, Seigneur;
J'ai tout séduit, la garde & les Dames d'honneur;

Suivez-moi, le succès est sûr & tout l'anonce :
Léonore en dormant vous prendra pour Alphonse.

ALVARÉS.

La différence, ami, d'Alphonse & d'Alvarés,
A l'instant frappera la Reine de trop près.

ALCIMADURE.

Agissez sans parler, n'éveillez point la Reine,
Passez rapidement du desir au plaisir,
Et du plaisir soudain revenez au desir.
Une femme d'honneur prend cela pour un songe
Et ne s'éveille point afin qu'il se prolonge.

ALVARÉS.

Enfin, la Reine, après cet assoupissement,
Voudra savoir sans doute. . . .

ALCIMADURE.

    Et c'est dans ce moment,
Que l'amour lui prêtant ses plus tendres foiblesses,
Obtiendra le pardon des premieres caresses.
Vous vous déclarerez, Seigneur, depuis long-tems
La Reine vous adore, ah ! dans ces doux instans,
Où le charme des sens, votre amour, sa tendresse,
Les plaisirs enchanteurs combattront sa sagesse ;
Dans ces momens d'yvresse où tout flatte le goût ;
Est-il quelque vertu dont on ne vienne à bout ?
Prince, assurez-vous donc de l'aveu de la Reine,
Et mes amis sont prêts à servir votre chaîne :
De son consentement appuyez vos projets,
C'est l'idole du peuple & l'amour des Sujets.
D'ailleurs, cette Princesse a même en sa personne
Des légitimes droits acquis sur la couronne.

(80)
ALVARÉS.
Ami, par quel bienfait....
ALCIMADURE.

Ne perdons point de tems;
La nuit s'avance, entrez, vous avez peu d'inflans,
Je vais trouver le Roi qui pourroit vous fur-
prendre:
Dans une heure en ces lieux je viendrai vous
reprendre;
J'ai gagné les foldats & le peuple eft pour nous,
Si la Reine vous veut accepter pour époux,
Nous verrons. la révolte à chaque inflant s'ac-
croître,
Et du trône le Roi paffera dans un cloître.
ALVARÉS.
Alcimadure, ami, dans peu tu connoîtras.....
ALCIMADURE.
Seigneur, dans ces momens ne vous oubliez pas.

____

SCENE VIII.

ALCIMADURE, *feul.*

AVEUGLÉ par l'amour, va, par ta folle ivreffe,
Goûter des vains plaifirs l'amorce enchantereffe.
Oui : l'efprit d'imprudence accompagne toujours
Tous ces foibles mortels éclairés des amours;
Trop crédule Alvarés! cette nuit de délices
A tes regards trompés cache des précipices.

Et des bras de l'amour conduit vers le trépas,
A ton malheureux fort tu n'échapperas pas.
La folle passion où ton cœur s'abandonne,
Sur la tête d'Alphonse affermit la couronne.
A ton Monarque heureux tu fais un héritier,
En mourant, Alvarés, sent ton malheur entier.
Tu rend le sceptre à qui te fait perdre la vie,
Et le bonheur du Roi vient de ta perfidie.
Traître, je vais venger l'État & ton rival
Des troubles que ta haine excite en Portugal.
Tu n'as voulu que moi dans cette confidence,
Alphonse, je suis prêt à servir ta vengeance,
Bien moins sujet qu'ami, je te sers, & dans toi,
C'est toi, que j'aime, Alphonse, & non le Roi.
De tes faveurs cent fois tu m'as donné des mar-
      ques,
Mais l'amitié n'est pas faite pour les Monarques.
En vain dans leurs secrets nous paroissons admis,
Ils ont des favoris, & n'ont jamais d'amis.
Mais bientôt, Alvares pourroit... allons l'attendre,
Et choisir le moment où je veux le surprendre.

SCENE IX.

ALPHONSE, *seul.*

TOUT est calme en ces lieux; ; un foible jour
      qui luit,
Commence à dissiper les ombres de la nuit.

Alcimadure doit s'abandonner encore
A des plaifirs qui vont finir avec l'aurore;
Peut-être en ces momens qui me font odieux,
A la Reine fait-il les plus tendres adieux.
Dans ce paffage étroit qui conduit chez la Reine,
Mon cœur jaloux l'attend, & fa mort eft certaine.
Innocente victime immolée au fecret,
Alcimadure, hélas! je te perds à regret;
Mon honneur en danger me demande ta vie:
Mais ta mort à ton Roi paroît digne d'envie.
Enivré de plaifirs tu defcends au tombeau,
L'amour ferme tes yeux   ah! que ton fort eft
                  beau!
J'acheterois, au prix de la mort la plus sûre,
La douceur qu'a mes fens refufe la nature.

SCENE X.

ALPHONSE, ALCIMADURE, ALVARÉS, *au fond du Théatre.*

ALPHONSE.

IL vient. N'écoutons plus que nos tranfports jaloux.

ALVARÉS.
Ah! traître je me meurs.

ALPHONSE.
           Il tombe fous mes coups

Mais, par quel charme, ô ciel ! lui-même
Alcimadure !

ALCIMADURE, *un poignard à la main.*
Seigneur ..

ALPHONSE.

Que croire, hélas ! dans cette conjoncture,
Quelle est donc la victime ?

ALCIMADURE.

En ce preffant danger
Du perfide Alvarés je venois vous venger ;
Voulant fur votre front fixer le diadême,
Au lit de Léonore. je l'ai conduit moi-même ;
Vous lui devez, Seigneur, votre bonheur entier,
Et ce fier ennemi vous donne un héritier.
J'avois armé mon bras fortant de chez la Reine,
Je l'immolois, Seigneur, à votre jufte haine.

ALPHONSE.

Puis-je trop à préfent détefter mon deffein.
O, ciel! j'étois venu pour te percer le fein :
Ma politique affreufe & ma noire furie
A mon secret, hélas ! facrifioient ta vie.
Pardonne, cher ami, le crime de ton Roi ;
Je ne veux plus regner ni vivre que par toi.
Tous ces événemens, mon cher Alcimadure,
M'annoncent un bonheur dont j'accepte l'augure.
Je brave les complots des plus féditieux,
Nous avons un enfant, rendons graces aux Dieux.

F I N.

LES

DEUX BISCUITS,

TRAGÉDIE.

Traduite de la Langue que l'on parloit jadis au Royaume d'Astracan, & mise depuis peu en Vers Français.

ACTEURS.

GASPARIBOUL, *usurpateur du Royaume d'Astracan.*

RISSOLE, *Pâtissier.*

ABUBEF, *Princesse du Sang des légitimes Rois d'Astracan.*

NADERI, *Confident de Gaspariboul.*

DILAZAL, *Fils du feu Roi d'Astracan.*

VAZIPOURS,
AZINA, } *Négresses, Suivantes d'Abubef.*

LES GRANDS DU ROYAUME.

Le Garde du Roi & le Peuple.

La Scene se passe dans la Capitale du Royaume d'Astracan, au Palais d'Abubef.

Qu'une cage de fer soit son appartement.

LES DEUX BISCUITS.
TRAGÉDIE.

SCENE PREMIERE.

DILAZAL, ABUBEF, GASPARIBOUL.

La Scene représente une chambre à coucher où l'on voit un lit placé entre deux portes, l'une desquelles est la porte d'entrée, & l'autre donne dans une garde-robe. Gaspariboul sort du lit & s'en va. Une Négresse entre par la garde-robe; elle a soin de fermer toutes les portes dès que Gaspariboul est sorti; elle tire de dessous le lit une grande cassette fermée à clef; après l'avoir ouverte, elle rentre dans la garde-robe. Le Prince Dilazal sort de cette cassette, regarde le lit, & voit avec douleur la Princesse Abubef qui dort. Il commence la Piece par le Monologue qui suit.

DILAZAL.

N'Es-tu point las, Destin de me persécuter ?
Aurai-je des malheurs encore à redouter ?

Un traître, n'écoutant que ses chaleurs bouillantes,
A pollué ma sœur, ma mere & mes deux tantes;
Le cruel, pour remplir ses effrénés desirs,
Fit servir ma famille à ses honteux plaisirs;
Le lâche assassina mon pere par derriere;
Ce monstre a violé jusques à ma grand'mere,
En dépit de son âge & de ses cheveux blancs:
Voilà, voilà les jeux des infames tyrans.
Pauvre grand'mere, hélas! dans cet affreux dé-
        sordre,
Tu voulus, m'a-t-on dit, essayer de le mordre,
Mais le tems qui nous fait pic, repic & capot,
Ne t'avoit pas laissé seulement un chicot.
Il nage dans du lait en portant ma couronne;
Son crime me l'ôta, son crime la lui donne;
Sa rage, dans ces lieux n'ayant rien de sacré,
Pere, mere, sœur, frere, il a tout massacré.
Enfin j'échappai seul : ma fidelle Nourrice
Fit si bien qu'on me crut mort d'une cicatrice.
Caché, depuis trois ans, au fond de ce Palais,
Une Princesse a soin d'appaiser mes regrets;
C'est son appartement qui me sert de retraite,
Ses chatouillans appas ont causé ma défaite,
Son cœur docile&tendre a comblé tous mes vœux.
Pour n'être point oisif, mes transports amoureux,
Dans ses généreux flans, se sont plus à construire
Deux garçons héritiers de cet auguste Empire :
Mais hier... ô malheur que je n'ai pu prévoir !
Pour la premiere fois le tyran vient la voir.
Ses femmes sur le champ me mettent en cachette
Sous ce malheureux lit, & dans cette cassette

Où l'on tient en dépôt ſes ſales caleçons ,
Ses mouchoirs à tabac , & juſqu'à ſes chauſſons :
Je me couche deſſus preſqu'à plat ſur le ventre ;
On m'enferme à la clef. Le tyran vient, cogne,
    entre ;
Par un trou je le vois s'aſſeoir dans un fauteuil ;
La Princeſſe lui faire un doucereux accueil :
Ils ont parlé tout bas , & puis plus haut ; enſuite
Il donne un certain ordre à des gens de ſa ſuite:
Je vois mettre la nape , apporter plus d'un plat,
Dont le goût malgre-moi, flattoit mon odorat ;
Ils ſe ſont mis à table ; elle a fait la folâtre ;
Elle a chanté pour lui de grands airs de théatre ;
Ils ont choqué le verre, à vous, tope, à vous, ſoit ;
Elle a crié tout haut , par trois fois, le Roi boit :
Après quoi le tyran, dans ſa concupiſcence. ...
Ah! ſi vous aviez eu la moindre conſcience,
Dieux ! l'auriez-vous ſouffert ? mon cœur faiſoit
    tic, tac :
Sur mon dos j'entendois le lit faire cric, crac :
Je n'ai plus entendu qu'un très-profond ſilence.
Ah! Job : Job! viens encor vanter ta patience !
    Il regarde la Princeſſe.
Tranquille dans le crime, elle ronfle en dormant.
Abubef, *s'éveillant bâillant , & ſe frot-*
    tant les yeux.
Ah! cher Prince, c'eſt vous ?
    Dilazal.
     Oui, perfide.
    Abubef.
      Comment?

Je crois que contre moi votre bouche murmure.

DILAZAL, *ironiquement.*

J'ai grand tort, en effet, & je vous fais injure.

ABUBEF.

Quelqu'un qui m'aimeroit, auroit l'attention
De saisir aux cheveux la belle occasion :
Mais je vois, en effet, que c'est peine perdue
De rester plus long-tems dans mon lit etendue :
        [*Elle appelle ses femmes.*]
Il faut donc se lever. Azina ; mon jupon.

SCENE II.

DILAZAL, ABUBEF, AZINA, VAZIPOURS.

DILAZAL, *à part.*

O Ciel, me voir traiter comme un Colin tam-
pon !

ABUBEF, *à ses femmes.*

Mes chaussettes, mes bas.

DILAZAL, *à part.*

                    La fureur me boursoufle.

ABUBEF, *à ses femmes.*

Mon pet-en-lair, cherchez ma seconde pantoufle.
    [*Au Prince Dilazal.*]
J'ai soupé, j'en conviens, avec votre rival ;
Mais vous ne devez pas m'en vouloir aucun mal :
C'est pour mieux déguiser à ce Roi si barbare
Le coup que ma fureur aujourd'hui lui prépare :

Tu verras en ce jour l'effet de mes projets ;
Tu verras contre lui s'armer tous ses Sujets :
Ta naissance, pour eux, cesse d'être un mystere ;
Et tu vas remonter au trône de ton pere.

DILAZAL.

Et pour mieux déguiser vos desseins & vos pas,
Vous souffrez tous ses soins, Madame, entre deux
      draps ;
Qu'il se serve de vous comme d'un cheval barbe.

ABUBEF.

Vous osez soutenir à mon nez, à ma barbe,
Que ce monstre est venu pondre dans votre nid.
Ah, j'atteste le ciel!

DILAZAL, *ironiquement.*

          Le ciel de votre lit.

ABUBEF.

Arrêtez, & songez dans votre humeur jalouse
Que dans peu je ferai peut-être votre épouse.
Quelle preuve avez-vous d'un semblable forfait ?

DILAZAL.

Le tapage indécent que votre lit a fait.

ABUBEF.

Voyez comme il défend sa vision cornue ;
Il est cocu, dit-il, parce qu'un lit remue.

SCENE III.

**RISSOLE, DILAZAL, ABUBEF,
VAZIPOURS, AZINA.**

VAZIPOURS, *à la Princesse.*

RISSOLE, Pâtissier, voudroit vous aborder.
ABUBEF.
Qu'il paroisse à mes yeux.
   RISSOLE, *à la Princesse.*
     Puis-je vous demander
Si du soupé d'hier votre Altesse est contente?
   ABUBEF.
Oui.

    RISSOLE.
Le cervelat?

    ABUBEF.
  Bon.
    RISSOLE.
   Et la sauce?
    ABUBEF.

       Excellente.
    RISSOLE.
Mais vous a-t-on, Madame, averti, de ma part,
De ne pas employer les biscuits au hasard?
    ABUBEF.
Ces biscuits sont-ils ceux?.... je frémis,.... je
frissonne;

(93)
J'entrevois des malheurs ...... parlez ; je vous
    l'ordonne.

RISSOLE.

Par vos ordres j'avois employé tout mon art
A faire deux bifcuits de trois fols moins un liard.
L'un étoit compofé de mouches cantharides,
Qui redonnent la force aux amans invalides;
Dans l'autre dominoit l'opium & le pavot,
Qui font par leur vertu dormir comme un fabot.

AZINA.

Oui, je le vis hier, & dans une corbeille
Les fervant au deffert je crus faire à merveille.

RISSOLE.

Je connois leur pouvoir, c'eft moi qui les ai faits,
Je répondrai toujours de leurs brillans effets.

ABUBEF.

Ne m'en dites pas plus, je vois tout le myftere,
J'ai mangé, par malheur, le bifcuit fomnifere,
Au tyran eft échu celui dont la vertu
Rétablit la vigueur d'un courage abattu.

AZINA.

Au deffert vous dormiez fur l'une & l'autre oreille;
Je vous ai mife au lit, j'ai cru faire à merveille.

ABUBEF.

Cruelle ! falloit-il me coucher à fes yeux;
Auroit-il contenté fes defirs vicieux ?

AZINA

Il m'a donné de l'or, fort, je te le confeille,
Ma-t-il dit ; j'ai forti, j'ai cru faire à merveille.

DILAZAL.

Enfin je conçois tout, & ce bifcuit fatal

N'a fait que redoubler les forces d'un rival.

ABUBEF.

Il n'en faut point douter ; dans sa fureur cynique,
Il a saisi l'instant d'un sommeil lethargique,
Je me fusse soustraite aux ardeurs du méchant,
S'il eût eu le biscuit de l'assoupissement.
L'autre auroit embelli mes nuits enchanteresses,
En excitant en vous d'amoureuses prouesses.
Le destin a voulu que ma précaution
Tournât. pour ton malheur, à ta confusion.
Du bonheur d'un rival, pour comble de misere,
Tu fus dessous mon lit témoin auriculaire ;
Donne-moi le trépas , & venge ton honneur
Du crime de mon corps , & non pas de mon cœur.

AZINA, *à la Princesse.*

Si j'eusse su cela , j'eusse éteint la chandelle,
Je vous aurois sauvé cette douleur mortelle ;
J'aurois pu sourdement vous couvrir de mon corps
De ce satyre en rut soutenir les efforts ;
La nuit tous chats sont gris , & mon cœur vous
proteste
Qu'en dépit du biscuit il auroit eu son reste.

VAZIPOURS, *au Prince.*

Madame pourroit dire en cet événement,
Voilà comme les biens nous viennent en dormant.

DILAZAL.

O fatal quiproquo qui me déchire l'ame !
Eh bien, vous l avez fait sans le vouloir, Mme ;
Vous êtes innocente , & j'en suis convaincu ;
Mais, malgré ces raisons, en suis-je moins cocu?

(95)
ABUBEF.

Non, vous l'êtes Seigneur, rien ne vous en dif-
          penfe ;
Et pour mieux exciter votre ame à la vengeance
Je vous dirai fans ceffe a toute heure, en tous lieux
Qu'un rival, dans mes bras, a foulagé fes feux,
Ses mains ont prophané cette gorge d'albâtre ;
Sur ma levre il colla fa levre opiniâtre.
Quelqu'endroit, fur mon corps, que vous puif-
          fiez chercher,
Vous n'en trouverez point qn'il n'ait ofé toucher.
Bien plus, qui vous a dit que dans ma léthargie
Je n'aurai pas donné quelque figne de vie.
N'allez point vous flatter; vous croyez bonnement
Que pendantfes tranfports j'etois fans mouvement:
Savez-vous le pouvoir qu'a fur nous l'habitude ;
N'ayez a ce fujet aucune incertitude ;
Ce plaifir partagé n'eft qu'un plus grand plaifir :
Vengez-vous: dans mon fang baignez-vous à loifir.
DILAZAL.

Devriez-vous tenir un femblable langage ?
Quoi! loin de m'épargner une fi trifte image,
Vous vous plaifez, Madame, à m'en entretenir.
ABUBEF.

Ah! c'eft pour mieux forcer ton bras à m'en punir.
DILAZAL.

Oublions, croyez-moi, cette fàcheufe hiftoire.
ABUBEF.

Je ne pourrai jamais l'ôter de ma mémoire.
DILAZAL.

Il le faut.

(96)
ABUBEF.
Non, non, non.
DILAZAL.
Pourquoi donc?
ABUBEF.

Ah , Seigneur!
Le coup est trop avant enfoncé dans mon cœur.
VAZIPOURS , *regardant à sa montre l'heure
qu'il est , dit à la Princesse.*
Le Roi viendra bientôt.
ABUBEF , *au Prince.*

Craignons sa jalousie,
Rentrez dessous ce lit,
DILAZAL.

Quelque sot qui s'y fie,
Vous dormiriez encor avec cet insolent,
Ou vous pourriez, Madame, en faire le semblant.
ABUBEF.
Par ses soupçons affreux l'ingrat me déshonore;
Si j'en souffre de toi , juge si je t'adore;
Derriere ce vitrage , a gauche , m'entends-tu?
Tu nous verras ensemble , & ne seras point vu.
(*A ses femmes.*)
Aux regards du Tyran je veux qu'il se dérobe,
Cachez-le promptement....
VAZIPOURS.
Ou?
ABUBEF.

Dans ma garde-robe,
[*au Prince.*]
Je vais t'y trouver, laisse faire à mon cœur,
Tj

Tu vas y recevoir le prix de ton ardeur.
Je t'ai donné deux fils, pour prouver que je t'aime,
Je saurai t'y forcer à m'en faire un troisieme.
DILAZAL, *en s'en allant dans la garde-robe.*
A travers ce rideau je verrai votre foi ,
Madame, en lui parlant, songez que je vous voi.
Ils sortent tous , excepté la Princesse.

S C E N E   I V.

GASPARIBOUL, ABUBEF.

GASPARIBOUL, *en chemise, son manteau royal sur le bras, en pantoufles, en bonnet de nuit, sa culotte & ses bas mis.*

Surchargé des faveurs dont votre cœur
      m'accable,
J'ai voulu , loin de vous, objet trop délectable,
Au sortir de vos bras, goûter quelque repos.
Le sommeil sur mes yeux a versé ses pavots ;
Mais, quoique séparé de tout ce que j'adore,
Un songe a mes regards vous présentoit encore ;
De vos reins, fais au tour, je touchois la blancheur,
Vos beaux yeux pétilloient d'une lubrique ardeur ;
Ma Princesse vautroit son corps sur sa duchesse,
Elle me laissoit voir sa gorge de Déesse.
Dans ma lasciveté j'étois à vos genoux ;
Vous me disiez grand Roi, pour raison, levez
      vous.

I

Je me leve tout droit, & dans mon trouble extrême
J'allois trop haut, trop bas... mais vous avez
vous-même...
Le plaisir me réveille, & ne vous trouvant pas,
J'endosse promptement ma culotte & mes bas,
Et viens, tout échauffé de l'ardeur qui me presse,
Réaliser mon rêve avec vous, ma Princesse.

ABUBEF.

Seigneur, de tant de biens mon esprit est confus
Vous en pouvez encor, mais moi je n'en puis plus
Mon ame à vos plaisirs s'est trop associée ;
Je suis lasse, il est vrai, mais non rassasiée,
Et vous verrez dans peu, sans vouloir me flatter,
Si je recule ici, que c'est pour mieux sauter.

GASPARIBOUL.

Il faut donc rengainer jusqu'au fond de mon ame,
Les preuves que j'allois vous donner de ma flâme
Je serai toujours prêt : j'en jure vos beaux yeux,
Mon turban, mon amour, ma barbe & vos cheveux
Et quand vous voudrez voir l'effet de ma promesse
Vous enverrez un Page avertir ma Hautesse.

ABUBEF.

Non, demeurez ici : je vous quitte un moment,
On m'attend là dedans avec un lavement ;
Je n'exige de vous que le tems de le prendre,

[*en soupirant.*]

Celui de le garder, & celui de le rendre,
Et je reviens, bientôt, près de votre Grandeur
Par de nouveaux plaisirs, confirmer mon bonheur.

[*Elle va à la garde-robe.*]

SCENE V.

GASPARIBOUL, *seul.*

DE mes rivaux jaloux puisqu'elle me diftingue,
Je voudrois me changer en canon de feringue ;
Ma bouche éprouveroit de charmantes douceurs
A lui pouvoir glisser ce bouillon aux deux fœurs ;
Mais de ce lavement, tandis qu'on la régale ,
Détaillons le bonheur de ma Grandeur Royale.
Je fais très-bonne chere , & boi du bon vin vieux ;
Je vous fais des cocus, tout autant que je veux ;
Mon Sérail composé des fille de tout âge,
Tous les premiers du mois me donne un pucelage;
A mon gré je fais pendre un tel ou bien un tel ;
Il n'eft point fur la terre un plus heureux mortel.

SCENE VI.

VAZIPOURS, GASPARIBOUL.

VAZIPOURS.

AVEC fes lavemens, la Princeffe m'excéde,
Toujours la flûte ! ò ciel ! je lui donne un remede,
Il entre bien d'abord ; tout fuccéde à mes vœux,
Je pouffe doucement. Mais un vent malheureux
Dans fon ventre commence un horrible tapage;

Il force tout obstacle, il se fait un passage,
Repousse le canon, & l'envoie *ad patres.*
Par malheur, mon visage étoit un peu trop près;
Je n'en dirai pas plus, & vous sentez le reste.

GASPARIBOUL.

Parlez-moi de plus loin, car cette odeur empeste.

VAZIPOURS.

Les derrieres des Rois, & ceux de leurs Sujets
Sont égaux pour l'odeur, quand ils ne sont pas nets.
Par ma bouche, Seigneur, la Princesse vous prie
De l'attendre en ces lieux tandis qu'elle s'essuie.
[*Elle sort.*]

SCENE VII.

NADERI, GASPARIBOUL.

GASPARIBOUL, *à Naderi qui entre.*

Cette nuit, la Princesse a comblé mon
  amour;
Je prétends l'épouser avant la fin du jour ;
Mon trône s'affermit avec cette alliance.
Admire à quel degré j'ai porté la prudence;
Je crois qu'on ne sauroit la pousser aussi loin;
De me faire cocu d'avance j'ai pris soin :
Crois-tu qu'elle refuse un semblable hyménée,
Après m'avoir donné vingt pains sur la fournée.

NADERI.

Dans tes Etats, tu fis cocus, suivant ton choix;

Artisans & Robins & Nobles & Bourgeois.
De ces mêmes Etats il te faut faire Gille;
Tous ces cocus armés font maîtres de la Ville,
Ils demandent ton fang pour te faire expier
L'honneur que tu leur fis de les cocufier.
Des prudens Généraux conduifent la menée;
A chaque révolté chaque charge eft donnée,
Selon que le Confeil eft duement convaincu
Qu'il eft de ta façon ou plus ou moins cocu.
Leur armée eft complette, & fe range en bataille;
Que pourras-tu tout feul contre eux tous, rien
        qui vaille ?
Chacun, du cocuage arborant les couleurs ,
L'un prend un pofte ici, l'autre là, l'autre ailleurs.
Du Sang Royal il refte un Prince légitime,
Qu'on a fauvé, dit-on, de ta rage ampliffime;
Ce bruit, de main en main, s'eft répandu par-tout,
Et tu n'es qu'un bâtard de l'un à l'autre bout.
On te donne le nom de cadet la Gingeole;
On te promet auffi plus d'une croquignole.
Pour te faire rôtir, l'un récure fon gril,
L'autre gage percer ton augufte nombril;
L'un veut à pair ou non épiler ta mouftache;
Pour t'écorcher tout vif l'autre éguife fa hache.
Du genre du fupplice ils ne font point d'accord
Mais ils le font du moins pour confpirer ta mort;
Il te faut déloger fans tambour ni trompette,
Et prendre malgré toi la poudre d'efcampette
On a tenu confeil pour tirer du canon,
Tout le monde a dit oui, perfonne n'a dit non;
Ta face vainement de colere fe gonfle,

Ne nous endormons point lorsque le canon ronfle.
A la moutarde ici bien loin de t'amuser,
Troques, troques, crois-moi, pour les mieux abuser,
Ton beau manteau Royal, contre cette mandille;
Vivre est essentiel, & régner est vétille.
J'apporte ici deux seaux, une sangle, un cerceau,
Il faut te déguiser, Seigneur, en Porteur d'eau.

GASPARIBOUL.

Ce récit est trop long si la fuite est pressante;
Six Vers étoient assez, & tu m'en dis quarante.
Il ôte son manteau, & met sa souquenille.
Quel revers !

NADERI.
Il est grand : je ne puis le nier.
GASPARIBOUL.
Tantôt j'étois Evêque, & me voilà Meûnier.

SCENE VIII.

**LES GRANDS DU ROYAUME, LES GAR-
DES DU ROI, LE PEUPLE, NADERI,
GASPARIBOUL.**

UN OFFICIER *de la Garde du Roi, s'a-
dressant au Roi.*

CEST en vain, pour nous fuir, que vous
graissez vos bottes,
[*à un Garde.*]
Attendant la prison, mettez-lui les menottes;

[*appellant la Princesse par la porte vitrée.*]
Princesse, du feu Roi, faites-nous voir le fils;
Vous voyez des Sujets qui lui feront foumis.

GASPARIBOUL, *à Naderi.*

Vois-tu, bourreau, vois-tu, que fans ton verbiage,
J'aurois eu le loifir d'échapper à leur rage.

NADERI.

Je l'ai bien fait exprès, Seigneur, & chaque mot,
Par degré, vous rendoit à chaque inftant plus fot.
Crainte, rage, douleur, effroi, défefpoir, larmes,
Frayeur, fureur, chagrin, tranfports, terreur, alarmes,
De vos regards émus s'emparoient tour à tour,
Et votre ame à mes yeux, fe montroit à plein jour;
Je voyois allonger votre Royale face.
Et prenois grand plaifir à voir votre grimace:
Vous allez, de malheurs, fans ceffe être affailli,
Et vos pieds, à la fin, font dans le margouilli.

SCENE DERNIERE.

ABUBEF, DILAZAL, GASPARIBOUL,
NADERI, VAZIPOURS, AZINA, RIS-
SOLE. LES GRANDS DU ROYAUME,
LES GARDES DU ROI, ET LE PEU-
PLE.

ABUBEF.

LE tiran n'eft plus Roi, Peuple, voici le vôtre,
Et voila tôt ou tard comme un clou chaffe l'autre.

*Tout le Peuple & les Grands fléchissent
le genou devant DILAZAL, pour témoig-
ner qu'ils le reconnoissent pour leur Roi.*

DILAZAL, *à la Princesse*

Je regne donc enfin ; c'est le prix de vos soins,
D'un cœur reconnoissant, qu'ils soient tous les
témoins ;

[*au Peuple.*]

Je l'épouse à vos yeux, sans nulle simagrée,
Elle m'a fait deux fils d'une seule ventrée ;
Peuple, consentez-vous qu'ils soient légitimés ?

CHŒUR DU PEUPLE.

Nous les adorerons comme vous les aimez.

GASPARIBOUL , *se parlant à soi-même.*

Me faudra-t-il aller du Trône à la Potence ?

DILAZAL.

De ce Tigre infernal prononçons la Sentence.

[*à Gaspariboul.*]

Pour prix de tes forfaits, tu t'attends à la mort ;
Mais ma haine te garde un plus funeste sort.

[*à ses Gardes.*]

Qu'on sépare de lui ce don de la Nature
Qui sert à fabriquer notre humaine structure ;
C'est par cet endroit là qu'il nous offensa tous,
Qu'on extirpe ce bien dont il fut si jaloux,
De sa postérité qu'on tarisse la source,
Que pour lui le bourreau soit un coupeur de
bourse ;
Qu'une cage de fer soit son appartement ;
Qu'au chevet de mon lit il voit incessament
Dans mes draps, dans mes bras, cette jeune Prin-
cesse

Que je veux accabler du poids de ma tendreſſe ;
Que privé de plaiſirs, il regrette à jamais
Et tous ceux qu'il a pris & tous ceux qu'il a faits.
[*On emmene le tiran.*]

ABUBEF.

Que j'approuve, grand Roi, cette ſage conduite,
Vous avez bien trouvé la peine qu'il mérite.
Travaillez ſans relâche à ce grand châtiment ;
Puiſſions-nous le punir Seigneur, à tout moment.
Trop heureuſe en cela d'être votre complice,
Je brûle de vous voir commencer ſon ſupplice.

DILAZAL.

Oui, 'nous allons ſonner cet amoureux tocſin.
[*à part.*]
Que la vengeance eſt douce à l'eſprit féminin !

FIN.

LES PLAISIRS

DU

CLOITRE,

COMÉDIE

EN TROIS ACTES.

[Cachet de bibliothèque]

ÉPITRE

AUX PENSIONNAIRES

Du Couvent de N. D***.

Vous, dont une retraite obscure
Nous cache les tendres attraits,
Qui connoissez peu les secrets
De l'Amour & de la Nature,
Jettez les yeux sur ce tableau.
A cette naïve Peinture
J'y vois briller un feu nouveau ;
Le trouble de votre visage
Décéle un amoureux desir ;
Votre cœur rend, par un soupir,
A Vénus son premier hommage.
Fripponnes, je vous vois rougir
Moins de pudeur que de plaisir.
Par cet innocent badinage,
Belles, laissez-vous attendrir ;
En lisant ce galant Ouvrage,
Vous appreudrez l'art d'adoucir
Les rigueurs de votre esclavage.

AVIS

AVIS AUX LECTEURS.

CETTE Comédie avoit été composée pour un théatre de société ; la difficulté de bien distribuer les rôles a empêché jusqu'a présent qu'elle n'ait été jouée. Ceux d'Agathe & de Marton étoient aisés a remplir, & brigués par les jeunes Dames. Ceux de Clitandre & du Jésuite demandoient des Acteurs d'une certaine force, & personne n'osa s'en charger. Il viendra petit-être des tems plus heureux. Quoique cette Piece doive emprunter une partie de son mérite du jeu du théatre, & de la nouveauté du spectacle, l'Auteur a cru que la simple lecture pourroit amuser. Il a évité avec soin toute expression qui eût pu blesser des oreilles délicates. Pourquoi craindroit on de jetter la vue sur des objets qui sont tous les jours sous nos yeux, que la plupart des Lecteurs connoissent par expérience, & dont le détail ne choque personne dans les contes & les romans. S'il se trouve dans cet ouvrage quelques situations un peu vives, elles tiennent nécessairement au sujet. L'Auteur se flatte de l'avoir traité avec toute la décence dont il étoit susceptible. Heureux, si le beau sexe, pour qui seul il a travaillé, daigne lire la Piece & lui accorder son suffrage.

ACTEURS.

Sœur AGATHE, *Religieuse Novice.*

LA SUPÉRIEURE.

Mere THÉRESE, *Maîtresse des Pensionnaires.*

ANGÉLIQUE.
JUSTINE. } *Sœurs Converses.*

MARTON, *Pensionnaire.*

CLITANDRE, *Amant de Marton.*

UN JÉSUITE, *Amoureux de Sœur Agathe.*

La Scene est à T.... au Couvent de N. D * * *, dans la chambre de Marton.

Frappons, frappons à l'unisson.

LES PLAISIRS
DU CLOITRE,
COMÉDIE.

ACTE PREMIER.

SCENE PREMIERE.

MARTON *fur fon lit, un livre à la main.*

Quel trouble ! ah c'en eft trop, ceffe livre
      charmant
    D'augmenter mon égarement.
Un tranfport inconnu s'empare de mon ame,
     Une voluptueufe flâme
     Embrafe mes fens amoureux.
Toinette, Saturnin, que vous êtes heureux !
Un jeune audacieux, imprudente Dainville,

(112)

Jouit de tes appas sans troubler ton sommeil.
L'approche du plaisir rend ton cœur moins tran-
quille ,
Dieux! n'aurois-je jamais un semblable réveil?
Quels rapides travaux de ta main caressante,
Tu ranimes dix fois sa vigueur languissante.
Je vois Monique en proie aux desirs de Martin
Profaner l'Autel & l'Eglise :
En Soubrette près d'elle il se deguise en vain,
La fripponne, avec lui surprise,
Vole à son Directeur : une heureuse méprise
La jette entre les bras de l'ardent Saturnin.
De votre piscine charmante ,
Vigoureux Célestins, que ne suis-je habitante!
Soumise à vos leçons , secondant vos efforts;
Dans l'amoureux combat vous verriez votre amante
De vingt Moines unis essayer les transports.
Triste Couvent! maudite grille!
Quand cesserai-je d'être fille!
Quand sentirai-je un trait brûlant
Pénétrer dans mon sein ardent:
Et dans sa carriere rapide
Y darder avec force une flàme liquide!
Je n'y puis plus tenir. ... quels vifs tressaillemens!
Quels amoureux élancemens!...
Je meurs...

Elle jette ses couvertures , & passe sa main sous sa chemise ; on devine à quelles intentions.

SCENE II.

MARTON, SŒUR AGATHE.

MARTON *en désordre, appercevant Sœur Agathe.*

QUE vois-je ! Agathe : ô ciel ! je
suis perdue :

Sœur AGATHE.

Eh ! quoi, Marton, tu crains ma vue ?
Pour toi tu connois mon amour ;
Mérite-t-il, ingrate, un semblable retour ?

MARTON.

Pardonne, je rougis de paroître ainsi nue.

Sœur AGATHE.

Je lis dans tes regards une tendre langueur ;
D'où naît ce transport enchanteur ?

MARTON.

Ce livre séducteur m'a vivement émue,
Et j'essayois avec ma main
De soulager l'ardeur qui dévore mon sein.

Sœur AGATHE.

Qu'elle est aimable ! qu'elle est belle ;
Que j'aime cet aveu charmant !
Victime, comme toi, d'une gêne cruelle
J'éprouve le même tourment :
Tandis que dans ces murs esclave infortunée,

K ;

(114)

Sans époux, sans amant, je mourrai de langueur,
Aux jeux de l'amour destinée,
D'un garçon vigoureux tu feras le bonheur.
Quel plaisir de baiser cette gorge naissante;
Quel coloris! quelle fraîcheur!
Quelle blancheur éblouissante!
Pied mignon, jambe fine & cuisse faite au tour;
Laissez-moi promener ma vue impatiente
Sur ces globes d'ivoire arrondis par l'Amour.
Elle la retourne en tout sens.
Que je baise cent fois cette mousse charmante,
Qui des tendres plaisirs ombrage le séjour.
Marton, embrasse ton amante.
Elle monte sur le lit, & se jette dans les bras de Marton.

MARTON.

Fripponne, que fais-tu? tu me mets hors de moi.
Quels mouvemens! ... arrête-toi; ...
Ta main, entre nous deux passée,
Porte en tous lieux l'embrasement.

Sœur AGATHE.

Fais comme moi, ma chere enfant
Tiens moi de tes genoux fortement embrassée;
Elance toi vers moi; contre mon sein pressée
Unissons-nous étroitement,
Et que par un doux froissement
De la grotte de Cythérée,
La source du plaisir jaillisse abondamment.
Courage.... ah! je me meurs.

MARTON.

Et moi ma chere amie

Serre-moi, mon amour,... ma maîtreſſe,... mvi
Ah! ...

Sœur AGATHE *ſe relevant.*

Comment trouves-tu ma premiere leçon ?

MARTON.

Ah ! ma chere, je ſuis ravie.

Sœur AGATHE.

Juge par cet échantillon.
Du plaiſir que donne un garçon.

MARTON.

Dans ces jeux je ſuis peu ſavante,
Apprends-moi ce que c'eſt qu'un combat amoureux

Sœur AGATHE.

Quand un jeune homme vigoureux
Dans ſon lit ſurprend ſon amante,
Par un baiſer voluptueux .
De l'amour dans ſon ſein il réveille les feux;
Dans la bouche de ſa maîtreſſe
Gliſſant ſa langue avec adreſſe,
Il l'agite mignardement :
La belle, en rougiſſant, répond à ſa tendreſſe,
Bientôt ſes yeux troublés trahiſſent ſa foibleſſe.
Alors le téméraire amant
Saiſit ſa gorge, la careſſe,
En ſuce le bouton naiſſant,
Dans ſes bras l'amante le preſſe ;
Le drôle écarte ſans façon
L'obſtacle qui s'oppoſe à leur tendre union.
Il parcourt de la main ſa nymphe demi-nue
Son doigt, guidé par le deſir,
Deſcend plus bas & s'inſinue

(116)
Dans l'antre secret du plaifir.
Au même inftant la fille émue
Eprouve un doux frémiffement.
Elle fe défend mollement,
Le galant change de pofture,
Et dirigeant fon trait vainqueur,
Il force l'etroite ouverture
De l'afyle caché qu'habite la pudeur.
Ce trait caufe à la belle une douleur cuifante;
Elle crie, elle veut échapper de fes bras,
Le cruel ne l'écoute pas;
Il frappe à coups preffés la nymphe gémiffante.
MARTON
Je me rends.

Sœur AGATHE.
Dès ce foir nous verrons fûrement
Et mon Jéfuite & ton Amant.
Je vais par un billet avertir le cher Pere,
Pour Clitandre, c'eft ton affaire.
Adieu. J'entends quelqu'un, mets-toi plus dé-
cemment.
Et cache bien ton livre.   *Elle fort.*

SCENE III.

MARTON, LA SUPERIEURE.

MARTON, *sur son lit, cachant son livre
sous son chevet.*

AH ! ciel ! bon jour ma mere.
LA SUPÉRIEURE.
Bon jour , Mademoiselle ; eh d'où vient qu'au-
jourd'hui
Je vous trouve au lit à midi ?
MARTON.
Hélas , toute la nuit une migraine affreuse
Ne m'a pas permis de dormir.
Quand on souffre , on est paresseuse.
LA SUPÉRIEURE.
Vous me trompez ; pourquoi rougir ?
Votre teint plus frais qu'une rose ,
Est un témoin muet qui contre vous dépose.
Mais, sous votre chevet qu'est-ce que j'apperçoi ,
C'est un livre ? donnez-le moi.
MARTON *rougissant.*
Ah ! je vous conjure , ma mere.
LA SUPÉRIEURE.
Votre trouble , Marton, cache quelque mistere ;
C'est un roman, sans doute. Ah! livres-corrupteurs
Que vous perdez de jeunes cœurs !

Lisons... Histoire de Dom B..... Portier des Chartreux.

Ce titre annonce un très-pieux ouvrage ;
Je vais le parcourir.
Elle ouvre le livre & apperçoit une estampe.
    Ah ! quelle horrible image !
Infame ! quel démon, par ce livre empesté,
A pu de ce saint lieu souiller la pureté ?
Vous avez lu, Marton, ce livre abominable ?
   O ciel ! & vous ne craignez pas
Que l'abyme enflâmé ne s'ouvre sous vos pas,
Ou que d'un Dieu vengeur la foudre redoutable
   Ne punisse vos attentats ?
Tremblez. De son pouvoir je suis dépositaire :
   Il m'ordonne de vous punir.
   Puisse une rigueur salutaire
Faire dans votre cœur naître le repentir.
   La maîtresse ici va se rendre,
   De ce pas je vais l'avertir,
   Et je vous défends de sortir.
   Elle sort & emporte le livre.

SCENE IV.

MARTON, *seule.*

QUE je suis malheureuse ! à quoi dois-je
   m'attendre ?
Pouvois-je soupçonner qu'on viendroit me surprendre ?

Eh, quoi? c'eſt un forfait, indigne de pardon,
    D'avoir un cœur ſenſible & tendre!
    Que je te hais, noire priſon,
Où de faux préjugés, innocente victime,
Pour un léger plaiſir, qu'on traite comme un
    crime,
    On me prépare ſans raiſon
    Une rude punition.
Cependant l'heure preſſe, il faut que je m'oc-
    cupe
    Du projet qu'Agathe a formé.
    Raſſurons mon cœur alarmé ;
    Que les nones en ſoient la duppe ;
    Je me ris de leur châtiment.
Dans mes bras cette nuit je tiendrai mon amant,
    De ſon bonheur je vais l'inſtruire.

Elle écrit.

» Clitandre, ſi pour moi votre cœur s'intéreſſe,
» Venez ce ſoir au lieu que l'on vous preſcrira ;
    » La Tourriere vous conduira
    » Dans les bras de votre maîtreſſe.
Envoyons le billet bien vite à ſon adreſſe.
Ah ! quel que ſoit le ſort qui m'attend en ce
    jour,
    Je me livre toute à l'amour.

Fin du premier Acte.

ACTE II.

SCENE PREMIERE.

MARTON *seule, marchant à grand pas.*

QUE le jour coule lentement ;
Je cours, je vais, je viens, je languis dans l'attente
De cette nuit douce & charmante
Qui doit m'unir à mon amant.
Transports voluptueux que Vénus fait éclore,
Tendres emportemens, amoureuse langueur
Venez en foule dans mon cœur ;
Augmentez les plaisirs de l'objet que j'adore.
Dans ces délicieux momens,
A mes brûlans desirs que ses efforts répondent
Et que dans mille embrassemens
Notre ame & nos corps se confondent.

SCENE II.

MARTON, Sœur THÉRESE, *Maîtresse
des Pensionnaires*, Sœur ANGÉLIQUE,
Sœur JUSTINE, *Converses.*

LA MAITRESSE.

OPPROBRE de cette maison,
Approchez, coupable Marton;
Rendez grace à notre indulgence.
On eut dû vous chasser. Avec foumission
Recevez la correction
Qui vous rendra votre innocence;
Offrez, ma fille, de bon cœur,
Cette pénitence au Seigneur.
Heureufe, fi vos pleurs, votre douleur amere
Peuvent défarmer fa colere.
De votre faute, au ciel, à nous
Demandez pardon à genoux.
Relevez vos juppons, & jufqu'à la ceinture
Découvrez cette chair impure,
Objet du célefte courroux.
Sœur Angélique, Sœur Juftine
Déployez votre difcipline,
Et donnez chacune vingt coups
A cette jeune libertine.

L.

MARTON, *à genoux.*

Vénérable Mere, pardon.
Je reconnois ma faute, & j'en suis consternée;
C'est la premiere fois qu'à la tentation
Marton s'étoit abandonnée.
Soyez sensible à ma douleur.
A vos pieds je jure au Seigneur
De dompter cette chair coupable.
Pardonnez-moi.

LA MAITRESSE.

Non, non, je suis inexorable.
Debout, Marton; arrangez-vous.
Panchez-vous sur le lit. Allons Sœur Angélique.

MARTON, *relevant ses juppes.*

Ah, ma mere!

LA MAITRESSE.

Point de replique.
Frappez, ma Sœur, c'est moi qui compterai les
coups.

La Sœur fouette.

Un, deux, trois quatre.

MARTON.

Ah! ah!

LA MAITRESSE *à Angélique.*

Fort.

MARTON.

Ah! ah! ma Thérese!

LA MAITRESSE.

Cinq, six, sept.

MARTON.

Ah! ah! ah!

(123)
LA MAITRESSE.
Huit, neuf.
A Marton qui regimbe.
Tout doux.
Ou l'on redoublera.
MARTON, *parant de la main.*
Ah! ah!
LA MAITRESSE.
Contenez-vous;
A Angélique.
Ferme, ferme, ma Sœur, dix, onze, douze, treize.
MARTON.
Ah! ma Mere, ah ah! ah! je n'y reviendrai plus,
LA MAITRESSE.
Vos cris, vos pleurs font superflus,
A Angélique
Frappez; quatorze, quinze, seize.
MARTON.
Ah! ah!
MARTON, *en se démenant, laisse tomber
un coin de sa chemise, & la discipline
tombe à faux.*
LA MAITRESSE.
Tenez-vous donc, voilà trois coups perdus;
Recomptons-les, ne vous déplaise.
Quatorze, quinze, seize : Angélique avancez,
Et pour fouetter plus à votre aise,
Tenez de l'autre main ses jupons retroussés.
Dix-sept; appliquez bien.
(endroit.
MARTON, *se sentant touchée à un certain*
Ah! ah! vous me blessez.

LA MAITRESSE.

Bon ; demain vous ferez guérie.
Dix-huit.

MARTON.

Ah ! ah !

LA MAITRESSE.

Dix-neuf.

MARTON.

Ah ! ah !

LA MAITRESSE.

Vingt. C'eft affez.

Vous, Sœur Juftine, commencez.

JUSTINE.

Eh, ma Mere, Marton eft bien affez punie.
La pauvre enfant eft tout en feu.

MARTON, *fe profternant.*

Hélas ! Madame, au nom de Dieu,
Je n'y puis réfifter.

LA MAITRESSE.

Taifez-vous je vous prie.
Il faut encore vingt coups de fouet.
Allons donc, placez-vous ; je veux être obéie.
Vîte, ma Sœur, frappez ; ce devroit être fait.
Je compterai tout bas avec mon chapelet.

Marton s'arrange, Juftine fouette.

MARTON.

Ah ! ah !

LA MAITRESSE.

Paix.

MARTON.

Ah ! Seigneur !

(125)

LA MAITRESSE *à Justine qui fouette*
foiblement.

Un peu plus fort, ma mie,
Vous vous ralentissez.

JUSTINE *frappe plus fort.*
MARTON *regimbant.*

Ah! ah!

LA MAITRESSE *à Marton.*

Quelle folie?
Tenez vos jambes, s'il vous plait.

MARTON.

Ah! ciel!

LA MAITRESSE *à Justine.*

Sanglez-là bien

MARTON.

Ah! ah!

LA MAITRESSE *à Justine.*

Sans tricherie,
Ma Sœur, ou sur vous l'on feroit,
Sans sortir de ce lieu, même cérémonie.

Justine fouette à tour de bras,
MARTON.

Ah, mon Dieu!

LA MAITRESSE.

Ferme.

MARTON.

Ah! ah!

LA MAITRESSE.

Bon. L'affaire est finie!
Recouvrez-vous, Marton, pleurez votre péché;
Et n'y revenez de la vie.

Elle sort avec Angélique,   L 3

SCENE III.

MARTON, JUSTINE.

MARTON rabaissant ses jupons.

AH, ciel! je n'en puis plus, j'ai le dos écorch
JUSTINE.
Nous vous avons, Marton, cruellement traité
Que n'ai-je pu, ma fille, abréger ce tourment.
MARTON.
Vous ne m'avez pas cependant
Moins rudement époussetée.
JUSTINE.
Si j'avois frappé mollement,
On m'auroit infligé le même châtiment.
Un jour que sur une Novice
J'exerçois ce cruel office,
Sensible à sa douleur, je ralentis mes coups;
La Prieure le sut & se mit en courroux.
On punit ma pitié; j'eus beau demander grace;
Il fallut me mettre à sa place.
Pardonnez donc, ma chere, à la nécessité
Mon excessive cruauté.
Adieu.   *Elle sort.*
MARTON.
Fuis loin de moi, mégere impitoyable.
Je donne le Couvent & les Nones au Diable.

SCÈNE IV.

MARTON, Sœur AGATHE.

MARTON.

AH! chere Agathe, viens, sais-tu ce qu'on
m'a fait?

Sœur AGATHE.

Je sais qu'on t'a donné le fouet.
Voyons en quel état est cette peau charmante.
Elle la découvre.
Ah ciel! elle est rouge & brûlante.
Que je la baise tendrement.

MARTON.

Que ton amitié complaisante
M'apporte de soulagement.
Sœur Angélique & Sœur Justine
M'ont appliqué d'un bras nerveux
Quarante coups de discipline.
J'enrage. Dès demain je veux quitter ces lieux.

Sœur AGATHE.

Loin de gémir de ta disgrace,
Aux Nones tu dois rendre grace.
Aprends, jeune Marton, que les coups vigoureux
Te rendent plus sensible au plaisir amoureux.
Ceux dont la nature trop lente
Ne peut satisfaire une Amante,
Par quelques coups de verge appliqués fortement,

Se portent au combat plus vigoureusement ;
Qu'on oublie aisément un instant de souffrance !
Sur moi-même j'en vais faire l'expérience.
Prends cette discipline. Allons, ma chere enfant,
  Fesse-moi sans ménagement

Elle lui donne la discipline, & se trousse.

MARTON.

  Quelle ridicule manie !
  Moi, je frapperois mon amie !
  Sur ce corps si blanc & si doux
  Je ferois pleuvoir mille coups ?
  Non, non ; j'ai le cœur trop sensible.
Va : je ressens encore de l'instrument terrible
  La douloureuse impression.

Sœur AGATHE.

Je ne badine point, frappe, frappe Marton.

Marton la fouette.

Fort bien.... encore plus fort.

MARTON.

    Déja sur ta peau fine
  Je vois naître un beau vermillon.

Sœur AGATHE.

Imite de ton mieux Angélique & Justine.
  Ferme ; frappe fort jusqu'au bout
Le courage d'Agathe est au dessus de tout.

MARTON. *fouettant toujours.*

  Eh bien, ma chere, es-tu contente ?

Sœur AGATHE *l'arrêtant.*

C'est assez. Viens, Marton, dans les bras d'une
   amante.
Jettons-nous sur ce lit ; dans le sein du plaisir

(129)
De nos tourmens passés perdons le souvenir.

Elles se baisent.
MARTON.

Ah! ma reine... ah! ton doigt... je me meurs...
je me pâme.
Sœur AGATHE.

Eh vîte... eh vîte... ah . ma chere ame! ...
MARTON.

Que tu sais bien, fripponne, adoucir ma douleur!
Quel habile consolateur !

Elles descendent du lit.
Sœur AGATHE.

Clitandre, cette nuit, par mille traits de flâme
Te prouvera mieux son ardeur.
MARTON.

Puisse-t-il du Jésuite égaler la valeur.
Sœur AGATHE.

Il faut, pour ranimer leur vigueur épuisée,
Dresser une colation.
MARTON.

J'avois prévenu ta pensée;
J'ai des fruits, du gâteau ample provision.
Voilà du vin exquis.
Sœur AGATHE.

Ah! petite rusée!
Le charmant naturel, croiroit-on à la voir
Que c'est son coup d'essai ce soir ?
Cette prévoyance me charme.
MARTON.

Je l'avouerai pourtant, ce coup d'essai m'alarme.
Je ne puis songer, sans frémir.
Aux assauts violens que je vais soutenir.

Sœur AGATHE.

Fi donc ; point de foiblesse humaine.
Sais-tu, telle que tu me vois,
Que j'ai désarçonné sans peine
Quatre Cordeliers à la fois ?

MARTON.

Quatre ! est-il possible ? ah, ma reine,
Conte moi tes galans exploits.

Sœur AGATHE.

L'histoire est un peu chatouilleuse.
Suspendons un moment. Je vais voir de ce pas
Si l'on ne nous écoute pas.
Toute None est, dit-on, méchante & curieuse.

MARTON.

Cours, & reviens bientôt contenter mes desirs.

Sœur Agathe sort.

S C E N E V.

MARTON *seule.*

QU'ELLE a de bon sens à son âge !
Elle fait allier par un rare assemblage,
La prudence avec les plaisirs ;
Tour-à-tour sage & libertine,
Sur son front la pudeur sert de voile à l'amour
Agathe, Vestale le jour,
Cette nuit sera Messaline.

SCENE VI.

Sœur AGATHE, MARTON.

Sœur AGATHE.

Tout dort dans la maison. Je puis en sûreté
Satisfaire à présent ta curiosité.
    Je n'avois pas quinze ans encore,
    Quand la flâme qui nous dévore,
Commença d'éclater dans mon cœur agité.
    Une voluptueuse ivresse
S'emparoit de mes sens dans les bras du sommeil,
    Et je savois avec adresse
    La prolonger à mon réveil.
    Ma mere dévote, zélée,
A confesse avec soin m'amenoit tous les mois.
    Au Pere Adrien chaque fois
    J'allois conter ma ratissée.

MARTON.

Ah! je connois très-bien ce fils de Saint François,
T...... a retenti de ses galans exploits.
    A qui t'avoit-on confiée ?

Sœur AGATHE.

    Il écoutoit avidement
    L'aveu de mes tendres foiblesses.
Curieux des détails, il sut adroitement
    M'encourager par ses caresses
    A lui parler sincerement,

Charmé de mes appas, de mon humeur naïve
Et de mon chaud tempérament,
Il calma les remords de mon ame craintive
Et fit naître en mon cœur un desir violent
De me voir dans la Confrairie
Du Cordon du grand Saint François.
Le jour fut pris pour la cérémonie :
C'étoit le lendemain des Rois.
Parée ainsi qu'une épousée,
Seule & de grand matin je me rends au Couvent :
Mon jeune cœur palpite, & mon ame embrasée
Semble prévoir le bonheur qui l'attend.
Dans une Chapelle secrete
Le charitable Pere à l'instant m'introduit ;
Il ferme les verroux, pour éviter le bruit
Et toute rencontre indiscrete.
Ma chere enfant, dit-il, par votre fermeté
Il faut que vous vous rendiez digne
De recevoir l'honneur insigne
Que Saint François réserve à votre piété.
De sa séraphique ceinture
Avant d'être en possession,
Une utile correction
Doit punir cette chair impure,
Source de la tentation.
Ma main va commencer cette œuvre salutaire,
Ne voulez-vous pas bien, ma chere,
Par quelques momens de douleur
Assurer dès ce jour votre éternel bonheur ?
Je consens à tout avec joie.
Le frippon m'embrasse : il déploie

Sa

(133)

Sa longue difcipline. Affervie à fes coups,
Aux loix qu'il me prefcrit j'obéis fans murmure.
          Le corps nud jufqu'à la ceinture.
          Je me profterne à fes genoux :
Sur mon dos à l'inftant je fens tomber l'orage.
          Je le fupporte avec courage.
A la fin il s'arrête, & plein d'émotion,
C'eft affez ; dans le fein de cette Vierge pure,
          Plaçons, dit-il, le Saint Cordon.
          Il me défend de changer de pofture
          Et m'exhorte à fouffrir avec dévotion
          La pieufe opération.

              MARTON.

De ces Moines caffards j'admire l'impofture.
Ah ! que je crains pour toi du terrible cordon
          La pénible introduction.
Mais pourfuit ton récit.

              Sœur AGATHE.

                    Je me fentis percée
D'une groffe cheville avec force enfoncée.
          Je fouffris tout fans fourciller,
          Une fecouffe violente,
          Avec une douleur cuifante
          Fit entrer le cordon entier.
          Au même inftant la douleur ceffe.
          J'éprouve une amoureufe ivreffe,
          Et par de vifs trémouffemens,
          Du faint Directeur qui me preffe
          Je feconde les mouvemens.
          Bientôt, par des torrens de flâme,
Il inonde, il pénétre, il embrafe mon ame.

                              M

Je .... rien redouble ses efforts.
     Peu faite à de pareils transports,
Je brûle, je fremis, je tombe,.. je me pâme.
                MARTON.
     Arrête, Agathe, épargne-moi ;
Je suis en ce moment aussi foible que toi.
             Sœur AGATHE
De ce trouble enchanteur, par ses soins revenue,
     Je me saisis avidement
D'une corde a gros nœud qu'il présente à ma vue.
     Je la baise dévotement.
Le Directeur sourit, & se sentant renaître,
     M'embrasse affectueusement.
Pour que le tentateur n'ose plus reparoître,
     Ma fille, il faut du saint cordon
     Encore une application.
     Ah ! dis-je, en ce moment, mon pere,
Je sens plus que jamais qu'elle m'est nécessaire.
     Je me prosterne & me trousse à l'instant.
     Dans sa conquête il rentre en conquérant,
     Et parcourt d'une marche aisée
     Des plaisirs la route embrasée.
Je m'agite sous lui voluptueusement,
L'amoureuse liqueur ruisselle en ce moment..
                MARTON.
     De bonne foi, dis-moi, ma chere,
Ne soupçonnas-tu rien de ce galant mystere ?
             Sœur AGATHE.
Je m'en doutai d'abord, mais pour bonnes raisons,
Je crus devoir cacher ma joie & mes soupçons,
     Lasse d'une telle contrainte,

A la seconde fois je mis bas toute feinte;
Je retournai la tête, & sans autres façons,
Sautant au col du béat Pere,
Je saisis son cordon, encore chaud & fumant;
Qui flasque & sans vigueur pendoit languissam-
ment.
Pris sur le fait, le moine fut sincere.
Il m'avoua confidemment
Que plus d'une devote auflere
Chaque jour en faisoit autant,
Et que le saint cordon appliqué fréquemment
Achalandoit le Monaftere.

MARTON.

C'est ainsi, qu'abusant de la religion,
Elle sert à cacher leurs pratiques infâmes.
Faut-il s'étonner si les femmes
Pour le fils de François ont tant d'affection?

Sœur AGATHE.

Que j'aime ta dévotion !
Poursuivons. Il voulut rentrer dans la carriere;
J'obéis; mais hélas, la vigueur du bon pere
Répondit mal à ses desirs.
Touché de mes brûlans soupirs;
Je vais, dit-il, au Monaftere
Chercher quelques amis; c'est dans leurs bras,
ma chere,
Que vous allez goûter de solides plaisirs.
Il sort; & bientôt il amene
Trois jeunes Moines vigoureux.
Je les vois arriver à peine
Que je me sens pressée entre leurs bras nerveux

A l'inftant contre moi chaque pique eft dreſſée;
Ils m'attaquent en même temps.
Ah ciel! m'écriai-je, effrayée,
Comment réſiſterai-je à de tels combattans!

MARTON.

Ton fort me fait trembler. Comment ma chere
Agathe,
Et ſi jeune & ſi délicate,
Put-elle ſoutenir les affauts furieux
De quatre fatyres fougueux?
Non; je ne ſaurois le comprendre.

Sœur AGATHE.

Je les ſoutins, tu vas l'entendre.
Pour éviter toute rivalité,
Le fort entre eux fixa la primauté?
Pere André fut heureux; trouſſant jupe & chemiſe,
Sur le bord d'un vieux banc il m'arrange à ſa guiſe,
Et pénetrant rapidement
De l'amoureux nectar m'engorge en un moment.
Pere Ambroiſe auſſi-tôt ſur moi ſe précipite;
Un inſtant lui ſuffit. Pere Roch vint enſuite.
Ma fille, je dois avouer,
A la gloire de ce dernier,
Que s'il paroît aux yeux le moins brillant des quatre
Il eſt d'une vigueur que rien ne peut abattre.
Que ce drole étoit bien mon fait!
Trois fois, ſans débrider, il pouſſa ſon bidet.
Il alloit commencer une courſe nouvelle,
Quand, jaloux de ſes droits, le bouillant Directeur
De mes bras, malgré moi, l'arrachant en fureur,
S'empara de la citadelle.

MARTON.

Agathe, maintenant je ne crains plus pour toi.
Ciel! quels transports! quelles délices!
Le seul récit m'enflame & me met hors de moi.

Sœur AGATHE.

Chacun sur mon autel offrit cinq sacrifices.
Il fallut se quitter. Juge de ma douleur;
Je sentois sous ma jupe une extrême chaleur,
Une démangeaison cruelle :
J'étois prète, si leur vigueur
Eût pu répondre à mon ardeur,
A recommencer de plus belle.

MARTON.

J'admire ta fiere valeur.
Quel dommage, ma belle, étant de cette humeur,
Que tu sois renfermée en ce lieu solitaire,
Pour pratiquer à contre-cœur
Une sagesse involontaire.

Sœur AGATHE.

Ne réveille pas ma douleur.
Marton, je fais ce qu'il m'en coûte.

MARTON.

Cette épreuve brillante &a pleine de douceur,
Ma chere, t'engagea sans doute
A voir souvent un Directeur.

Sœur AGATHE.

En proie à sa vive tendresse,
Je passois avec lui deux heures chaque jour,
J'étois dans les bras de l'amour,
Quand on me croyoit à confesse.
Ma mere, admirant ma ferveur,

(138)
Me laiſſoit liberté pleniere.
Mais un revers cruel vint troubler mon bonheur;
Pour mon malheur j'avois un frere ;
On voulut l'enrichir aux dépens de ſa ſœur.
Je fus miſe au Couvent. Les Nones careſſantes
Me peignoient de leur ſort les douceurs ſéduiſantes
Hélas! du monde encore j'ignorois les appas.
Ma mere me preſſoit , je ne réſiſtai pas.
Je me laiſſai lier d'une chaîne cruelle,
Qui bientôt pour toujours . . . . . mais la cloche
m'appelle.
Quelqu'un m'apporte ſûrement
Des nouvelles de mon amant.
MARTON.
Ah! mon impatience eſt égale à la tienne.
Je marche ſur tes pas, ma reine.
Le cœur me bat. Dieu des plaiſirs,
D'une fille timide exauce les deſirs!

Fin du ſecond Acte.

ACTE III.

SCENE PREMIERE.

Sœur AGATHE, MARTON.

Sœur AGATHE.

Tout succede au gré de nos vœux.
Marton, un jeune enfant m'attendoit à la porte;
Nos amans l'envoyoient; viens vite, je t'apporte
La réponse de tous les deux.
Que je vais tendrement caresser mon Jésuite!
Vois la lettre qui m'est écrite.

Elle lit.

» Je rendrai cette nuit hommage à tes appas;
» Nous ferons à Marton oublier sa disgrace.
» Reçois Priappe dans tes bras
» Sous le manteau de Saint-Ignace.

MARTON.

Si la vigueur du pere égale son esprit,
Que ton sort est heureux, ma chere!
Voyons ce que Clitandre écrit.

Elle lit.

» Ce soir, à l'ombre du mystere,
» Marton, je vole à vos genoux.

» J'en jure par l'amour, j'en jure par fa mere;
» Votre amant fortuné fera digne de vous.
Ce billet eſt charmant.

Sœur AGATHE.

Chacun a ſon mérite.
Si celui de Clitandre eſt plus repeċtueux,
Je vois dans celui du Jéſuite
Un ton plus familier, plus vif, plus amoureux.

MARTON.

Faut-il s'en étonner ; des tranſports de Clitandre
Juſqu'ici ma ſageſſe avoit ſu ſe défendre.
Maître de tes appas, le pere eſt moins flatté
D'un bien qu'il a déja goûté.
Mais, chut.... j'entends du bruit..... ah, que je
ſuis émue !
On entre : où me cacher ? ah ciel, je ſuis perdue !

SCENE II.

LE JÉSUITE, CLITANDRE, Sœur AGATHE, MARTON.

LE JÉSUITE, *fautant au col d'Agathe.*

MA reine, je vole à ta voix.
Que par ce baiſer plein de flàme,
Répété mille & mille fois,
Tous mes feux paſſent dans ton ame,

CLITANDRE, *aux genoux de Marton.*
Vous me fuyez, Marton, ah quelle cruauté!
Rendez-vous aux defirs de l'amant le plus tendre.
De mes tranfports ceffez de vous défendre
Dans ces heureux momens faits pour la volupté.
MARTON, *fe débattant.*
Dans quel abyme, Agathe, ò ciel! m'as-tu
Sœur AGATHE.   (conduite.)
Eh, quoi? tu fais l'enfant! tu prétends réfifter?
Céde au plaifir fans héfiter.
Elle l'embraffe.
Viens, timide Marton; mon cœur te félicite
Du bonheur que tu vas goûter.
LE JÉSUITE *entraînant Agathe.*
C'eft affez; laiffons-les, ma chere.
Pour accorder ces deux amans,
Ta préfence eft peu néceffaire
Ne perdons point ainfi de précieux momens.
Sœur AGATHE.
Me fieroit-il d'être févere?
Allons fur ce fopha voifin
D'un torrent de plaifir viens inonder mon fein.
Je me livre à toi, mon cher pere.
Ils fe retirent vers le fond du théatre &
fe baifent.
MARTON, *pendant que Clitandre la ren-*
verfe fur le lit & la trouffe.
Ah Clitandre! que faites-vous?
Quoi? vous me mettez toute nue.
CLITANDRE.
Permets que j'adore à genoux

(142)

Les célestes attraits dont l'amour t'a pourvue,
Laisse-moi de ton corps contempler la blancheur ;
L'élasticité, la fraîcheur.
Pardonne un amoureux caprice.
De ce petit lieu de délices
Qu'ombrage une epaisse toison,
Par ce baiser ardent je prends possession.

MARTON, *s'agitant.*
Y pensez-vous ? cessez Clitandre.

CLITANDRE, *se jettant sur elle.*
Bannis un ridicule effroi.

MARTON
Tu te précipites sur moi.
Cruel, de tes transports je ne puis me défendre.
Laisse-moi du moins, cher amant,
Me placer plus commodément.

*Elle s'arrange & croise ses jambes sur les
reins de Clitandre.*

Sœur AGATHE, *se rapprochant.*
Eh bien, ami, Marton est-elle encore pucelle ?

CLITANDRE.
J'ai soumis à la fin cette beauté rebelle.
Dans ce petit antre charmant
Je vais porter l'embrasement.

Sœur AGATHE.
Ne la ménagez point.

MARTON.
Ah cruel ! quel martyre !
Quelle grosseur ! .. il me déchire...
Arrête.... ouf.... il me crève.... arrête un seul
moment....

Le bourreau va toujours : il ne veut pas m'être
tendre.

LE JÉSUITE.

Sois insensible à son tourment ;
Ce n'est pas le cas d'être tendre.

MARTON.

Il redouble... le chien... ah ! ... ah !

CLITANDRE.

Je suis vainqueur.
Je vais, pour calmer ta douleur,
Verser sur ta blessure un baume salutaire ;
Le sens-tu ? le sens-tu, ma chere ?

MARTON, *se trémoussant.*

Je sens une douce chaleur
Qui me pénetre jusqu'au cœur.
Je sens distiller goutte à goutte...
Perce... enfonce, aimable vainqueur,
Ne t'amuse point sur la route...
Pousse, ami, ... pousse vivement....
Où suis-je ? ..... je me meurs..... soutiens-moi
cher amant....

CLITANDRE, *se relevant.*

Ma reine, me pardonne-t-elle ?
Je sens ce qu'elle a dû souffrir.
Pour les jeunes beautés, nécessité cruelle ;
Il faut par la douleur arriver au plaisir.

MARTON, *rabaißant ses jupes.*

De joie & de regret, tour-a-tour combattue ;
J'ose à peine sur toi, cruel, lever la vue.
Adieu vertu, sagesse, honneur.
Un instant a souillé ma gloire & ma pudeur.

Cher Clitandre, ah ! du moins si tu m'étois fidele,
On attaque, on subjugue, on oublie une belle,
CLITANDRE, *tendrement.*
Bannis ces soupçons odieux.
Comblé de tes faveurs, je t'en aimerai mieux,
Viens ; je veux sur toi-même en sceller la promesse.
MARTON, *entraînant Clitandre.*
Eh bien, jouis de ma foiblesse,
Monte sur ce lit avec moi,
Je m'abandonne toute à toi.
LE JÉSUITE, *à Sœur Agathe.*
Accompliront-ils seuls l'amoureux sacrifice ?
Soulage mon tourment ; daigne, aimable Novice,
M'offrir à contre-sens l'objet de mes desirs.
Tout chemin peut conduire au Temple des plaisirs.
Sœur AGATHE.
Ah, qu'un amant est Tyrannique !
Tu le veux, il faut le vouloir.
Elle se place & releve ses cotillons ; le
Jésuite se courbe sur elle, & la menace
d'une fausse attaque.
Point de caresse Jésuitique,
Frippon, ou pour jamais je renonce à te voir.
Je ne prétends te recevoir
Que par la route canonique.
LE JÉSUITE.
Belle Agathe, sur moi tu connois ton pouvoir.
Je ne te ferai point d'injure ;
Si par fois au College à nos jeunes garçons
Nous donnons de telles leçons,
C'est pour soulager la nature.

Souleve

Souleve-toi, ma Sœur.
Suis-je bien ?

Sœur AGATHE.

Pouffe , avec vigueur. . . .
Pouffe, ami, ne crains point d'ébranler ta monture.

LE JÉSUITE.

Comme tu l'as gobe! pour prix de ton ardeur,
Reçois ce trait de feu.

Sœur AGATHE.

Quelle fiàme fubtile
Dans mon cœur embrafé diftille. . . . .
Ne finiras-tu point. . . . . je n'y faurois tenir. . . .
Je vais expirer de plaifir.

MARTON, *tirant le Féfuite par fa robe.*
Allons donc , libertin , rendez-moi mon amie;
Athletes , fufpendez vos coups,
J'apporte des gâteaux pour Clitandre & pour vous
Ce vin rallumera votre flàme amortie.
Buvons, a Bacchus, à l'Amour
Rendons hommages tour à tour.

Ils mangent & boivent : pendant ce tems ,
Agathe & Clitandre s'éclipfent.

SCENE III.

MARTON, LE JÉSUITE.

MARTON.

PERE, où va donc votre maîtresse ?
Clitandre a marché fur fes pas,
On nous a laiffé feuls, ne compteroit-on pas
Un peu trop fur notre fageffe ?
LE JESUITE, *embraffant Marton*.
Clitandre m'enleve mon bien ;
Je vais me venger fur fa belle.

MARTON *fouriant*.

Puniffons ce couple infidele ;
Je ne vous refuferai rien.

LE JÉSUITE *promenant fa main fous la jupe de Marton*.

Permettez que ma main s'empare
Du tréfor qu'on livre a mes feux.
Souffrez, Marton, qu'elle s'égare
Dans le labyrinthe amoureux.

Il place la main de Marton.
Saififfez-vous des biens dont la nature avare
Pour vous a voulu m'enrichir.
Sous vos doigts voyez-le groffir :
Priape, en feu, cherche un afyle ;
Daignez le recevoir.

MARTON.

Je n'y puis consentir.
Eh, qui pourroit le contenir ?

LE JÉSUITE.

Moins la route sera facile,
Et plus nous aurons de plaisir.

Il attire Marton sur lui.

De mon trait hâte-toi de te percer toi-même,
Vite . . . . vite . . .

MARTON, *sur les genoux du Jésuite
s'agitant vivement.*

Ah, mon roi ! sens-tu comme je t'aime ?

SCENE IV.

Sœur AGATHE, CLITANDRE, MARTON, LE JESUITE.

Sœur AGATHE, *appercevant Marton à
cheval sur le Pere.*

AH ! ah ! la drôle invention,
En courant de la sorte, aimable postillon,
On arrive bientôt au gite.

LE JÉSUITE.

Ma None, il vous sied bien de parler sur ce ton.
Je me venge de votre fuite.

MARTON.

Je te fais, cher Clitandre, une infidélité ;

Falloit-il me laisser seule avec un Jésuite;
Va, va, tu l'as bien merité.

CLITANDRE

Oublions chacun notre injure,
Et pour reveiller nos desirs,
Par une nouvelle posture
Diversifions nos plaisirs.
Quittons cette vaine parure
Et ces vêtemens odieux !
Les amans ne sont jamais mieux
Qu'en état de pure nature.

Ils se déshabillent.

LE JÉSUITE, *denouant le corset de Marton.*

Venez, aimable enfant ; dévoilez sans scrupule
Ce corps charmant, digne des Dieux.

CLITANDRE, *découvrant la gorge de*
Sœur Agathe.

Sous cette guimpe ridicule
Ah! ma Sœur!, quels appas vous cachez à nos yeux!
Que chacun m'écoute en silence;
Agathe aura la complaisance
De se coucher sur ce sopha.
Le Pere s'en emparera.
Sur le dos de sa Révérence
Aussi-tôt Marton s'étendra.
J'ouvrirai la danse avec elle.
A chaque coup reçu, ma belle
Sur le pere retombera.
Par ce secours, son alumelle
Plus fort chez la None entrera.
Quand, vers le Jésuite élancée,

Agathe se soulevera,
Marton, par le Pere poussée,
Au devant de mes coups ira.
Mettons ce projet en pratique.
Ils s'arrangent.
Qu'à son rôle chacun s'applique :
Ce ricochet voluptueux :
Va nous rendre tous quatre heureux.

Sœur AGATHE.

Arrête, je suis écrasée.

LE JÉSUITE.

Oh ! tu ne m'échapperas pas.

MARTON.

Cher Clitandre, double le pas.

Sœur AGATHE.

Ah ! quelle abondante rosée
Inonde mes secrets appas.

MARTON.

Je goûte le bonheur suprême.

CLITANDRE.

Et moi, Marton.

LE JÉSUITE.

Et moi de même.
Après un moment de silence ils se séparent.

Sœur AGATHE.

Allons-nous reposer. Chantons à l'unisson,
Vive, vive l'auteur de cette invention.
Chers amis, buvons a sa gloire.
Eh ! quoi, Marton, tu n'oses boire ?
Te faut-il, pour calmer tes feux,
Avaler à longs traits le nectar amoureux.

(150)
Ils boivent & mangent.
CLITANDRE.
Marton, mon feu renaît. Retourne-moi, ma chere,
Offre-moi ce revers charmant,
Que deux singes voilés, naguere,
Ont traité si cruellement.
Il la retourne.
Ah ! ciel ! des coups de fouet j'y reconnois la trace;
Par des coups moins fâcheux il faut que je l'efface
Allons, la croupe haute & la tête bien bas.
Tiens-toi ferme, & sur-tout ne me déboute pas.
Il se met sur elle.
MARTON, *se débattant.*
Que fais-tu donc, méchant ? ah ciel! quelle
infâmie !
Viens à mon secours, chere amie,
Il s'écarte du droit chemin
Pour pénétrer dans le voisin.
Sœur AGATHE.
Clitandre, gardez-vous d'outrager la nature.
De cet aimable objet, par une flâme impure,
Ne profanez point les attraits.
Elle l'arrache de dessus Marton qui sort.
CLITANDRE, *courant après Agathe.*
Soit ; mais vous en payerez les frais.
Il la renverse & la baise.
Sœur AGATHE, *embrassant Clitandre.*
J'approuve ta vengeance. A l'honneur d'une amie
Il faut bien, je le vois, que je me sacrifie.

SCENE V.

Sœur AGATHE, LE JÉSUITE, CLITANDRE.

LE JÉSUITE, *attaquant Clitandre par derriere.*

QUOI? pendant que vous vous baisez
Je resterai les bras croisés?
Pardonne à ma robe, Clitandre.
En voyant l'embonpoint & la vive blancheur
De ton joli postérieur,
D'un goût Italien je n'ai pu me défendre.
Poursuis; ne te dérange pas,
S'il le faut, pour t'attendre, on doublera le pas.

CLITANDRE, *après qu'ils ont fini.*

J'excuse en toi, Papa, le goût antiphysique;
Il tient à l'habit Jésuitique.
Mais, quand d'un sexe aimable on peut combler
les vœux,
Comment peut-on chérir ce commerce honteux?

LE JÉSUITE.

Ce goût n'est point si ridicule:
Hylas fut le mignon d'Hercule;
Socrate brûla, nous dit-on,
Pour Alcibiade & Phédon;
Jupiter amoureux enleva Ganimède;
Hyacinthe amusoit les loisirs d'Appollon;

Césa careffoit Nicoméde ;
Chez la Reine des Nations,
Chaque Empereur eut fes Gitons.
On vit dans tous les tems la Grece & l'Italie
Suivre cette douce manie.
Aujourd'hui, même avec fuccès,
Elle regne chez les Français.

Sœur AGATHE.

Taifez-vous, féducteur, une telle infamie
Ne peut qu'exciter mon courroux.
Elle doit fa naiffance a cette Secte impie,
Qui voudroit fe paffer de nous.
Pour brûler d'une ardeur & réciproque & pure
L'homme & la femme furent faits.
Proftituer fon fexe, outrager la nature,
Fut toujours à mes yeux le plus grand des forfaits.

SCENE DERNIERE.

MARTON, Sœur AGATHE, CLITANDRE, LE JÉSOITE.

MARTON, *fortant du cabinet ois elle s'étoit refugiée.*

J'APPORTE une trifte nouvelle,
Amis, avec la nuit nos plaifirs vont finir.
Agathe, la cloche t'appelle,
Et le Ciel commence à blanchir.

(153)

Sœur AGATHE.

Adieu donc, vigoureux Athletes ;
Objets de nos brûlans desirs.
Ramenez quelquefois dans ces triftes retraites.
L'amour, les jeux & les plaifirs.
Tandis que vingt beautés faciles,
Clitandre, à tes tranfports céderont tour à tour;
Et que tes écoliers dociles ,
Cher Pere, à tes befoins s'offriront chaque jour ;
Entre ces murs épais pour jamais refferrée ,
Je verrai dans les pleurs mes jours fe confumer ,
Si, touchés des tourmens d'une fille égarée,
Vous ne venez les ranimer

LE JÉSUITE.

Non, je ne reçois point un adieu fi funefte.
Pour fêter encor vos appas,
Belles, un feul inftant nous refte ;
Reprenons nos tendres ebats.

MARTON.

Avant de commencer une joûte nouvelle ,
Raffurez nos cœurs délicats :
Chers amis , ne nous trompez pas.
Jurez qu'au moindre avis pleins d'un ardeur fidelle
Vous revolerez dans nos bras.

CLITANDRE, LE JÉSUITE.

Nous le jurons tous deux.

CLITANDRE.

Que le Dieu de Cythere
Nous faffe éprouver fa colere,
Si vous brûlez pour des ingrats.
Mais profitons du tems. Marton fois moins févere,

(154)

A l'inftant que ton jeune amant
Au Temple des plaifirs entrera pardevant,
Ouvre l'autre porte au bon Pere:
Tandis que ton doigt libertin
De la fringante Sœur fourragera les charmes,
L'aimable None de fa main,
Par un chatouillement badin,
Hâtera l'effet de nos armes.

LE JÉSUITE.

Cher Clitandre, que tardez-vous?
De fa grotte Vénus vous accorde l'entrée.
Marton, recevez fans courroux
Ce trait enflâmé, dont les coups
Portent de nouveaux feux dans votre ame enivrée.
Frappons ..... frappons à l'uniffon
La voluptueufe Marton.
Redoublons fon tendre délire.
A la fougue de nos defirs
Que fes fens ne puiffent fuffire;
Faifons-la fuccomber fous le poids des plaifirs.

CLITANDRE

Que tes chatouillemens, Agathe,
Augmentent ma félicité.

Sœur AGATHE.

Marton, que ta main delicate,
Par fa folàtre activité,
Dans mes fens agités repand de volupté!

MARTON.

Eh! vite... cher ami. . je me meurs... je me pâme,
Par des torrens delicieux
Appaifez l'ardeur qui m'enflâme.

(155)
Je fens... ah, quel plaifir! vous m'inondez tous
                Sœur AGATHE.   (deux.
Arrête-toi, Marton, je n'y faurois fuffire.
Quel doux frémiffement! ....
                MARTON.
                        Quels coups impétueux!
            CLITANDRE.
        Trémouffement voluptueux!
            LE JÉSUITE.
    Douce langueur, ... fougueux délire!
    Nous goûtons le bonheur des Dieux.
        Ils tombent fur le fopha.
            CLITANDRE.
Reprenons nos habits Adieu, filles charmantes ;
        Dont l'aimable naïveté
Efface les traits de ces froides amantes
Que guide le caprice ou la cupidité.
        Belles, fans art & fans parure ;
        Tendres avec fincérité,
Vous favez egayer une auftere clôture ;
        Et vous fuivez en liberté
        Le doux penchant de la Nature.
Que je quitte à regret ce féjour enchanté !
Dans le monde, l'amour eft un rude efclavage.
        Les fentimens & le langage,
Tout refpire la fraude & l'infidélité.
La pudeur d'une femme eft un mafque hypocrite ;
Dans fes plus doux tranfports regne la fauffeté.
        C'eft dans le Cloître feul qu'habite
        La véritable volupté.
                F I N.

TABLE

Des Pieces contenues dans le Tome premier.

TABLE

Des Pieces contenues dans le Tome second.

www.ingramcontent.com/pod-product-compliance
Lightning Source LLC
LaVergne TN
LVHW012244170726
843503LV00002B/427